I0786290

LA DICTADURA DEL SIGLO XXI EN BOLIVIA

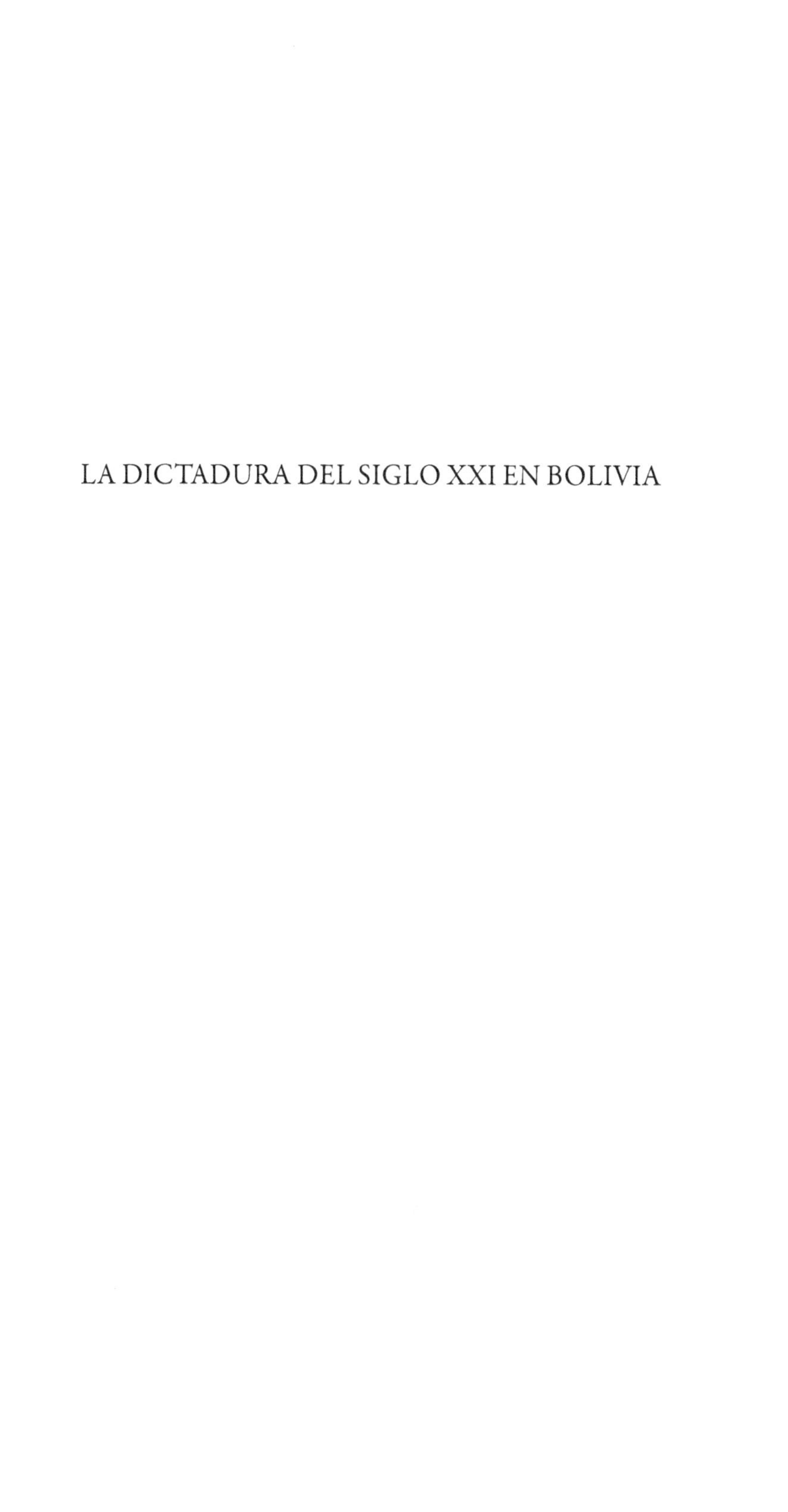

LA DICTADURA DEL SIGLO XXI EN BOLIVIA

Carlos Sánchez Berzaín

Interamerican Institute for Democracy

Tercera Edición

ISBN: 978-1721166701

Diseño: Kiko Arocha (www.alexlib.com)

InterAmerican Institute for Democracy
2100 Coral Way Suite #500
Miami, FL 33145
United States of America.
www.intdemocratic.org
Email: IID@intdemocratic.org

Fondo editorial del
Interamerican Institute for Democracy

A los bolivianos perseguidos, exiliados,
presos políticos y sus familias.
A las víctimas de la dictadura del siglo XXI en Bolivia.

Índice

CAPÍTULO 5

Cómo recuperar la democracia 141

Anexo 1

Anexo 2

Anexo 3

Anexo 4

Anexo 5

Anexo 6

Anexo 7

Anexo 8

Prólogo

¿Por qué están de moda los foros y seminarios sobre el concepto de democracia y las instituciones en América Latina? Efectivamente, han proliferado y siguen proliferando encuentros, análisis y trabajos sobre el concepto de democracia aplicables al caso de América Latina.

La razón consiste en que, como novedad, lo que se encuentra en juego en el sistema político de la región es el concepto mismo de democracia.

Dos hechos del siglo XX han cambiado el rumbo de la izquierda (por lo que esta denominación puede definir). La primera es el redescubrimiento de Antonio Gramsci por los intelectuales en la década de los 70, por conjunción de los exiliados argentinos en México, con sus colegas locales. El segundo es la creación del Foro de San Pablo, en 1994. Allí, bajo la conducción de Fidel Castro, la izquierda subversiva decidió que la vía ya no era la lucha armada, sino el campo electoral. Especialmente en el orden de las ideas y la cultura como auspiciaba Gramsci.

Así, surgieron gobiernos que podían considerarse como izquierdas, en Chile, en Brasil y en Uruguay, entre otros. Esa apertura significó el respeto a las instituciones y la aceptación de conductas en el orden económico propias de un sistema liberal: apertura al mundo, respeto a las leyes de mercado, etc. Se puede, por supuesto, disentir con las políticas de estos gobiernos, pero ya en el campo político y no en el institucional.

Pero un grupo de países prefirieron una vía diferente, la vía más cercana a una revolución popular, a la que se llega a través de elecciones. Son las que pertenecen al llamado "socialismo del siglo XXI", creación conceptual de Heinz Dieterich, adoptada por Hugo Chávez y apoyada por el régimen de La Habana.

El prestigio de la "democracia" no permite ya regímenes anti-democráticos, impensables a fines del siglo XX. Por eso, de lo que se trata ahora, es de imponer una forma limitada de democracia, como un rudimentario concepto que solamente considera la elección popular, dejando de lado las otras instituciones que integran el verdadero sentido de un sistema democrático: el balance y control recíproco de los poderes entre sí, la independencia del poder judicial y su control de constitucionalidad como ejercicio efectivo de la vigencia de la constitución, la libertad de expresión y su correlato en el ejercicio libre de la prensa y sobre todo, la alternancia en el poder mediante elecciones libres, periódicas y transparentes. Sin ellas, no hay democracia posible.

Una de las formas de estos gobiernos es su carácter populista, de acuerdo con la descripción propia hecha por sus cultores, como Ernesto Laclau y Chantal Mouffe. Esta condición requiere, inevitablemente, un caudillo popular, que encabece una revolución fundadora, al estilo de los viejos sistemas dictatoriales.

La alternancia en el poder no se compadece con el caudillismo: la revolución llega para quedarse, no para entregar al poder luego de vencido el plazo para el cual ha sido electo. De la misma manera, ese poder revolucionario debe ser concentrado en una sola mano y la adhesión popular se mantiene a través de un relato que pretende legitimarlo, reinterpretando el pasado y explicando un presente distorsionado. Bajo estas condiciones, no hay separación de poderes, libertad de expresión ni entrega del poder como marcan las constituciones.

Son estas razones las que llevan a sus caudillos a desconocer las instituciones vigentes, reformar a cómo dé lugar las constituciones, para decretar la reelección indefinida y eternizarse en el poder, mientras las asambleas nacionales se transforman en oficinas notariales que sólo se limitan a sancionar lo que quiere la voluntad del caudillo. El próximo paso, es por supuesto, la sumisión de la justicia, con lo cual se consolida ese régimen y sin que haya ya garantías individuales o imperio del derecho.

No se trata sólo de un problema de terminología, eterno material de conflictos conceptuales. Ya sea que hablemos de república, democracia, sociedad abierta, la diferencia entre los dos sistemas es tan obvia que supera la barrera de la mera diferencia de palabras: bajo estas condiciones, ya no existe la democracia.

El gran hallazgo de un grupo de intelectuales y políticos es haber advertido que en esos países, donde no existen instituciones, de lo que se trata es de dictaduras, y que estas dictaduras –por provenir de elecciones populares y dar la batalla desde dentro – son diferentes de las clásicas dictaduras militares de los siglos XIX y XX. Ese grupo (Osvaldo Hurtado, Carlos Sánchez Berzaín, Asdrúbal Aguiar, Allan Brewer Carías y otros) le han aportado al conflicto un elemento clarificador, al encontrarles su caracterización como "Dictaduras del siglo XXI".

Así como Hurtado ha analizado el caso de Ecuador, y Aguiar el de Venezuela, estaba faltando la descripción del caso boliviano, que llega ahora de las manos de Sánchez Berzaín, ex Ministro de la Presidencia(entre otros cargos), abogado y politólogo y víctima de la persecución de Evo Morales

Este trabajo incluye la pintura de la situación actual de su país de origen y refleja la ausencia de las condiciones mínimas de un sistema republicano, pero además, saca a la luz el proceso previo que permite el acceso al poder de Morales, que es tan ilegítimo como el ejercicio mismo de ese poder.

Los requisitos republicanos para que una mayoría sea democrática y a que nos hemos referido son reconocidos desde hace muchos siglos, planteados por pensadores como Locke, Hume, Stuart Mill, Montesquieu, y reflejados de manera consistente en los debates que debían llevar a la ratificación de la constitución americana, verdadero modelo de un gobierno concebido como limitado en aras de la defensa de la libertad individual.

Sin embargo, Sánchez Berzaín prefiere defenderlos a partir de la Carta Democrática Interamericana, a la que se refiere permanentemente cuando propugna un sistema democrático. Quizás este método tenga la virtud de atenerse a la letra, a un ejemplo de derecho positivo, ya que esa Carta –firmada por todos los países de la Organización de Estados Americanos tiene un cumplimiento obligatorio para los signatarios y dejar de lado una más débil discusión doctrinaria. Concuerdo con él sobre la importancia de la Carta en este conflicto abierto entre quienes son democráticos y quienes, ya no lo son.

Esta valoración del documento de la OEA, lo es sin perjuicio de la continua malversación de sus términos por parte de la Secretaría General de la Organización, quien sólo la ha invocado para defender a los gobiernos (en realidad, a los poderes ejecutivos) cuando los otros poderes han pretendido defender los principios constitucionales, como en los casos de Honduras y Paraguay. Por el contrario, ha mantenido un silencio rayano en la complicidad en los flagrantes casos de violación a los términos de la Carta, como ocurrió y ocurre hoy, en Venezuela, Ecuador, Nicaragua y Bolivia en forma regular. Si subsistiera el "juicio de residencia" que regía en la América colonial hispana, el futuro de Insulza no sería envidiable.

Conocí a Carlos Sánchez Berzaín cuando dirigí la Maestría de Ciencias Políticas, de FLACSO y Florida International University, de la cual se graduó con honores. Se inscribió con la intención de refrescar sus conocimientos teóricos, forzado por el exilio a que lo obligó el dictador boliviano y por la falta de justicia independiente en su país.

Creo que ese hecho le ha permitido agregar a su larga experiencia política activa una capacidad de reflexión académica, que le será muy provechosa cuando regrese a la Bolivia democrática que todos deseamos.

Guillermo Lousteau
Miami, octubre 2013

CAPÍTULO 1

La democracia en las Américas

1.1. La democracia: fundamento del sistema interamericano

En el estudio y análisis de la democracia podemos encontrar un sinnúmero de definiciones y conceptos. Los hay desde aquellos que se formulan respondiendo a muy honestas inquietudes académicas, hasta otros con evidente interés y parcialidad política, destinados a justificar una posición, la vulneración o liquidación de la propia democracia.

En este trabajo asumimos como marco teórico la descripción y formulación de lo que es la democracia en las Américas.

La democracia se encuentra enunciada, proclamada y declarada como principio fundamental en la organización de los países de las Américas y en sus relaciones internacionales. La democracia está en el nacimiento mismo de la Organización de Estados Americanos (OEA). El preámbulo del instrumento constitutivo de la OEA establece que "la democracia representativa es condición indispensable para la estabilidad, la paz y el desarrollo en la región"[1].

De esta manera podemos afirmar que la democracia es base fundamental del desenvolvimiento de los estados de las Américas y por ende del sistema interamericano. La denominada cláusula democrática se planteó al mismo tiempo del nacimiento de la OEA.

Fue el gobierno transitorio del Perú liderado por el presidente Valentín Paniagua, el que encarando un momento de crisis política y de recuperación democrática, realizó la propuesta inicial de una Carta Democrática Interamericana en abril de 2001 poco antes de la Tercera Cumbre de las Américas[2]. Con este antecedente, la cumbre celebrada en Quebec del 20 a 22 de Abril de 2001 adoptó la denominada "Declaración de Quebec" que institucionaliza la cláusula democrática estableciendo "que cualquier alteración o ruptura inconstitucional del orden democrático en un estado del Hemisferio constituye un obstáculo insuperable para la participación del gobierno de dicho Estado en el proceso de Cumbres de las Américas"[3]

De esta manera se avanzó hasta la aprobación y firma de la Carta Democrática Interamericana[4] suscrita en Lima-Pe-

---

1. Carta de Bogotá. Bogotá 1948. Documentos de la OEA

2. OEA. Documentos. Evolución de la Carta

3. OEA. Declaración de Quebec. Canadá 2001.

4. OEA. Carta Democrática Interamericana

rú el 11 de septiembre de 2001 por todos los países del hemisferio con excepción de Cuba (bajo control de la dictadura castrista).

La Carta recoge la doctrina, los estudios, la historia, la experiencia y los conceptos sobre democracia de cada uno de los estados americanos que la han firmado. Constituye hoy fuente principal del derecho internacional, norma de derecho interno en cada uno de los países signatarios, y es por lo tanto de cumplimiento obligatorio.

1.2. La Carta Democrática Interamericana

La introducción de la Carta Democrática Interamericana reconoce que "la democracia es indispensable para la estabilidad, la paz y el desarrollo de la región". Recuerda que "la Declaración Americana de los Derechos y Deberes del Hombre y la Convención Americana sobre Derechos Humanos contienen los valores y principios de libertad, igualdad y justicia social que son intrínsecos a la democracia". Y agrega que "el desarrollo progresivo del derecho internacional y la conveniencia de precisar las disposiciones contenidas en la Carta de la Organización de Estados Americanos e instrumentos básicos concordantes relativas a la preservación y defensa de las instituciones democráticas conforme a la práctica establecida"

Es la Carta Democrática Interamericana, el instrumento legal que nos brinda la respuesta a la pregunta de qué es la democracia en las Américas. No lo hace por medio de una definición. Describe a la democracia, presenta a la democracia en su integridad de forma completa, sin dejar duda alguna[5].

Como lo expresó el embajador Humberto de la Calle Lombana, quien presidió el grupo de trabajo de la Carta y las negociaciones que condujeron al texto sometido a la consideración de la Asamblea en Lima, "La Carta es un hito en la historia democrática del hemisferio". En primer término, en lo político implica un serio compromiso de los gobernantes con la democracia, no ya en su versión minimalista electoral, sino con un concepto amplio que toca todos los aspectos de la dignidad humana como eje central de su concepción. En lo histórico, recoge y proyecta los antecedentes que le han servido de guía, desde la letra de la propia Carta de la OEA hasta las manifestaciones relacionadas con el compromiso de Santiago. En lo sociológico, la Carta expresa una realidad profunda: los pueblos de América sienten que tienen derecho a la democracia aunque haya quienes piensen que "su" democracia no ha contribuido momentáneamente a resolver los problemas de pan coger. Y, por fin, en lo jurídico, aunque se trata de una Resolución y no de un Tratado, es claro que no es una Resolución cualquiera porque fue expedida como herramienta

---

5. OEA. Carta Democrática Interamericana. Documentos e Interpretaciones. Washington DC 2003, p viii.

de actualización e interpretación de la Carta fundacional de la OEA, dentro del espíritu del desarrollo progresivo del derecho internacional".

1.3. La democracia

La Carta Democrática Interamericana en su primer capítulo bajo el título "la democracia y el sistema interamericano" desarrolla lo que es la democracia en base a seis aspectos: la democracia como derecho de los pueblos de América y como elemento esencial para su desarrollo; el ejercicio efectivo de la democracia como base del Estado de Derecho; los elementos esenciales de la democracia; los componentes fundamentales del ejercicio de la democracia y el Estado de Derecho; el fortalecimiento de los partidos e instituciones políticas; y la participación ciudadana.

El texto de los seis primeros artículos de la Carta Democrática Interamericana contiene, en resumen, lo que los estados de las Américas han conceptualizado y aceptan como democracia:

La democracia como derecho de los pueblos de América y como elemento esencial para su desarrollo:

Artículo 1. Los pueblos de América tienen derecho a la democracia y sus gobiernos la obligación de promoverla y defenderla.

La democracia es esencial para el desarrollo social, político y económico de los pueblos de las Américas.

El ejercicio efectivo de la democracia como base del Estado de Derecho:

Artículo 2. El ejercicio efectivo de la democracia representativa es la base del Estado de Derecho y los regímenes constitucionales de los Estados Miembros de la Organización de los Estados Americanos. La democracia representativa se refuerza y profundiza con la participación permanente, ética y responsable de la ciudadanía en un marco de legalidad conforme al respectivo orden constitucional.

Los elementos esenciales de la democracia:

Artículo 3. Son elementos esenciales de la democracia representativa, entre otros, el respeto a los derechos humanos y las libertades fundamentales; el acceso al poder y su ejercicio con sujeción al Estado de Derecho; la celebración de elecciones periódicas, libres, justas y basadas en el sufragio universal y secreto como expresión de la soberanía del pueblo; el régimen plural de partidos y organizaciones políticas; y la separación e independencia de los poderes públicos.

Los componentes fundamentales del ejercicio de la democracia y el Estado de Derecho:

Artículo 4. Son componentes fundamentales del ejercicio de la democracia la transparencia de las actividades guberna-

mentales, la probidad, la responsabilidad de los gobiernos en la gestión pública, el respeto por los derechos sociales y la libertad de expresión y de prensa.

La subordinación constitucional de todas las instituciones del Estado a la autoridad civil legalmente constituida y el respeto al Estado de Derecho de todas las entidades y sectores de la sociedad son igualmente fundamentales para la democracia.

El fortalecimiento de los partidos y organizaciones políticas:

Artículo 5. El fortalecimiento de los partidos y de otras organizaciones políticas es prioritario para la democracia. Se deberá prestar atención especial a la problemática derivada de los altos costos de las campañas electorales y al establecimiento de un régimen equilibrado y transparente de financiación de sus actividades.

La participación ciudadana:

Artículo 6. La participación de la ciudadanía en las decisiones relativas a su propio desarrollo es un derecho y una responsabilidad. Es también una condición necesaria para el pleno y efectivo ejercicio de la democracia. Promover y fomentar diversas formas de participación fortalece la democracia

1.4. Los elementos esenciales de la democracia

Todos los aspectos de la democracia contenidos en el primer capítulo de la Carta Democrática Interamericana son importantes y muestran lo que es la democracia en la Américas. Sin embargo, es el artículo tercero, que se refiere a los elementos esenciales de la democracia en el que radica lo fundamental.

Esencial es lo que hace a la esencia, es aquello que constituye la naturaleza de las cosas, lo que es permanente e invariable en ellas, lo mas importante y lo característico. Sin lo esencial, la cosa deja de ser tal porque la naturaleza es la propiedad característica.

Si hablamos de los elementos esenciales de la democracia estamos hablando de las partes que hacen su naturaleza misma, de sus propiedades características, de lo que no puede faltar para que haya democracia.

Cuando estos elementos son varios —como en el caso presente— estamos frente al hecho de que la ausencia de uno solo de los elementos esenciales da como resultado que ya no exista democracia.

La redacción de la Carta Democrática establece —*entre otros*— cinco elementos esenciales:

1.4.1.El respeto a los derechos humanos y las libertades fundamentales

Los derechos humanos se pueden definir como las "condiciones instrumentales que le permiten a la persona su realización"[6] y son inherentes a todo ser humano sin distinción ni discriminación de ningún tipo.

Aunque el concepto de derechos humanos es anterior a las Naciones Unidas, son los derechos enunciados en la Declaración Universal de Derechos Humanos de la Organización de Naciones Unidas[7], los que marcan su arranque institucional y que tienen como característica su universalidad, interdependencia e indivisibilidad, la igualdad y la no discriminación, y el hecho de que los derechos humanos vienen acompañados de derechos y obligaciones por parte de los responsables y los titulares de éstos[8].

En el ámbito interamericano, es la Declaración Americana de los Derechos y Deberes del Hombre[9] la que reconoce el derecho a la vida, a la libertad, a la seguridad e integridad de la persona, el derecho de igualdad ante la ley, el derecho de libertad religiosa y de culto, el derecho de libertad de investigación, opinión, expresión y difusión, el derecho a la protección a la honra, la reputación personal y la vida privada y familiar, el derecho a la constitución y a la protección de la familia, el derecho a la protección de la maternidad y la infancia, el derecho de residencia y tránsito, el derecho a la

---

6. Hernández Gómez, José Ricardo. Tratado de Derecho Constitucional. Editorial Ariadna, 2010.

7. ONU. Declaración Universal de Derechos Humanos. Resolución 217 A (III) Diciembre 10, 1948.

8. ONU. Valores Universales. Dpto. de Información Publica. 2012.

9. IX Conferencia Internacional Americana. Bogotá. Colombia 1948.

inviolabilidad del domicilio, el derecho a la inviolabilidad y circulación de la correspondencia, el derecho a la preservación de la salud y el bienestar, el derecho a la educación, el derecho a los beneficios de la cultura, el derecho al trabajo y a una justa retribución, el derecho al descanso y su aprovechamiento, el derecho a la seguridad social, el derecho al reconocimiento de la personalidad jurídica y los derechos civiles, el derecho de justicia, el derecho de nacionalidad, el derecho de sufragio y de participación en el gobierno, el derecho de reunión, el derecho de asociación, el derecho a la propiedad, el derecho de petición, el derecho de protección contra la detención arbitraria, el derecho a proceso regular, el derecho de asilo y el alcance de los derechos del hombre.

Los derechos humanos están en permanente evolución y hoy se pueden clasificar[10] en derechos de primera, de segunda y de tercera generación.

Los derechos de primera generación son los derechos civiles y políticos, esto son los primeros derechos consagrados legalmente, que reconocen que toda persona tiene:

- Los derechos y libertades fundamentales sin distinción de raza, sexo, color, idioma, posición social o económica
- Derecho a la vida, a la libertad y a la seguridad jurídica

---

10. http://www.cubaencuentro.com/derechos-humanos/clasificación-y-caracteristicas/clasificación.

- Nadie será sometido a esclavitud o servidumbre
- Nadie será sometido a torturas ni a penas o tratos crueles, inhumanos o degradantes, ni se le podrá ocasionar daño físico, psíquico o moral
- Nadie puede ser molestado arbitrariamente en su vida privada, familiar, domicilio o correspondencia, ni sufrir ataques a su honra o reputación
- Derecho a circular libremente y a elegir su residencia
- Derecho a una nacionalidad
- En caso de persecución política, toda persona tiene derecho a buscar asilo y a disfrutar de él, en cualquier país
- Derecho de hombres y mujeres a casarse y a decidir el número de hijos que desean
- Derecho a la libertad de pensamiento y de religión
- Derecho a la libertad de opinión y expresión de ideas
- Derecho a la libertad de reunión y de asociación pacífica

Los derechos de segunda generación o derechos económicos, sociales y culturales son aquellos que tienen por objeto garantizar el bienestar económico, el acceso al trabajo y la educación y la cultura, y proclaman que toda persona tiene:

- Derecho a la seguridad social y a obtener la satisfacción de los derechos económicos, sociales y culturales
- Derecho al trabajo en condiciones equitativas y satisfactorias
- Derecho a formar sindicatos para la defensa de sus intereses
- Derecho a un nivel de vida adecuado que le asegure a ella y a su familia la salud, alimentación, vestido, vivienda, asistencia médica y los servicios sociales necesarios
- Derecho a la salud física y mental
- Durante la maternidad y la infancia toda persona tiene derecho a cuidados y asistencia especiales
- Derecho a la educación en sus diversas modalidades
- La educación primaria y secundaria es obligatoria y gratuita

Los derechos de tercera generación son los denominados derechos de los pueblos que contemplan cuestiones de carácter supranacional como del derecho a la paz y a un medio ambiente sano.

En cuanto al respeto a los derechos humanos y las libertades fundamentales como elemento esencial de la democracia, se trata como mínimo, del respeto a los derechos y libertades reconocidos por las Naciones Unidas y por la Organización de Estados Americanos, ya que no es posible concebir democracia sin el respeto a la vida, la libertad, la seguridad y la dignidad de las personas.

No existe democracia: en un gobierno que imponga cualquier tipo de servidumbre; en un estado en el que se impongan torturas, tratos crueles inhumanos o degradantes; donde no se reconozca y ejerza la igualdad ante la ley; donde no se garanticen recursos efectivos para amparar ante la ley a quienes se les violan sus derechos fundamentales; en países en los cuales hay personas arbitrariamente detenidas, presas y desterradas; donde no hay tribunales de justicia imparciales; donde no se respeten la presunción de inocencia y la irretroactividad de la ley; en estados donde no se reconoce el derecho de asilo; donde se viola la propiedad privada y se cometen confiscaciones y apropiaciones ilegales; donde no se respeta la libertad de prensa y de expresión, donde se persigue por el ejercicio de estas libertades; o donde no se respeta el derecho al trabajo[11].

La violación de uno solo de los derechos, como acto reiterado de gobierno, hace desaparecer el respeto a los derechos humanos como elemento esencial de la democracia.

1.4.2. El acceso al poder y su ejercicio con sujeción al Estado de Derecho

Estado de Derecho representa que el poder y la autoridad del estado se encuentran limitados por la ley. En el Esta-

---

11. Contenido de la Declaración Universal de los Derechos del Hombre Arts. 1 al 24

do de Derecho no puede existir nadie ni nada por encima de la ley, es el gobierno de las leyes. Es el Estado que se rige por leyes e instituciones.

Para las Naciones Unidas, el concepto de "Estado de derecho ocupa un lugar central en el cometido de la Organización. Se refiere a un principio de gobierno según el cual todas las personas, instituciones y entidades, públicas y privadas, incluido el propio Estado, están sometidas a unas leyes que se promulgan públicamente, se hacen cumplir por igual y se aplican con independencia, además de ser compatibles con las normas y los principios internacionales de derechos humanos. Asimismo, exige que se adopten medidas para garantizar el respeto de los principios de primacía de la ley, igualdad ante la ley, rendición de cuentas ante la ley, equidad en la aplicación de la ley, separación de poderes, participación en la adopción de decisiones, legalidad, no arbitrariedad, y transparencia procesal y legal"[12].

Cuando un gobernante accede al poder violando, alterando, manipulado, modificando, haciendo fraude o incumpliendo de cualquier forma las normas, las leyes o las instituciones, lo hace al margen del Estado de Derecho. Lo mismo sucede —queda fuera del Estado de Derecho— el gobernante que hubiera accedido al poder de acuerdo al Estado de Derecho, esto es respetando la ley y la institucionalidad,

---

12. ONU. Consejo de Seguridad. Informe del Secretario General sobre el Estado de Derecho y la justicia.. Agosto 3. 2004(S/2004/616)

si ejerce el poder destrozando, suplantando, sustituyendo la legalidad y la institucionalidad.

Cuando en uso del poder el gobernante crea su propia legalidad en beneficio propio, el sistema implantado queda fuera del concepto de Estado de Derecho, ya que la "legalidad impuesta" no es legítima porque tiene la intencionalidad manifiesta de liquidar la legalidad y la institucionalidad existentes.

1.4.3. La celebración de elecciones periódicas, libres, justas y basadas en el sufragio universal y secreto como expresión de la soberanía del pueblo

El proceso electoral es el mecanismo por el cual el ciudadano toma la decisión política de elegir a sus representantes y autoridades. Las elecciones tienen como elemento fundamental la libertad de obrar, de actuar y decidir. Cualquier acto que vulnere la libertad los ciudadanos es una violación a la naturaleza misma del proceso.

Las elecciones en sí mismas no son democracia, son el mecanismo central de la democracia. Sin elecciones no hay democracia, pero solo las elecciones no son democracia.

Las elecciones como elemento esencial de la democracia deben ser libres y justas, pero además basadas en el sufragio universal y secreto.

El sufragio es universal porque deben votar todas las personas que haya cumplido la edad prevista por la ley sin ninguna otra condición o discriminación de raza, sexo, ingresos, educación.

Es secreto como garantía para que el votante no sea objeto de presión alguna por el contenido de su voto; la condición de secreto en el sufragio es la garantía para que el votante exprese real y libremente su voluntad, sin amenazas y sin temor a represalias. La soberanía del pueblo representa que la autoridad suprema del poder público radica en el pueblo, esto es en los electores.

Además del ejercicio individual y libre del derecho de sufragio, lo que las "elecciones periódicas" garantizan es la "alternancia en el poder" que en política significa "cambio de gobierno" fundada en el carácter temporal y transitorio de las autoridades elegidas que solo pueden durar un tiempo y de ninguna manera perpetuarse en el poder.

1.4.4. El régimen plural de partidos y organizaciones políticas

Este elemento reclama la existencia de un sistema múltiple de representación política que canalice la voluntad popular y permita la participación de todos los sectores de la sociedad.

Los partidos y las organizaciones políticas se establecen para su desenvolvimiento en el ámbito democrático y se organizan para gravitar en la política de un estado, en base a posiciones ideológicas o programáticas frente a la realidad. Su objetivo es buscar legítimamente el poder por medio del respaldo popular o del voto que se expresa en las elecciones.

Los partidos políticos son considerados fundamentales para estructurar el apoyo político a determinados programas e intereses socioeconómicos y valores, agregar las preferencias de los ciudadanos, formar gobiernos y establecer acuerdos políticos en el ámbito legislativo[13]

Las organizaciones políticas son mas bien agrupaciones o entidades de carácter ciudadano que buscan estructurar algún segmento o área de la sociedad, teniendo objetivos específicos para su actividad política. Tal vez la diferencia mas notable entre los partidos y organizaciones políticas, sea el contenido ideológico de los partidos frente a una causa de movilización social, sectorial, regional o de otro tipo delas organizaciones. La representación del partido político al ser ideológica puede considerarse mas limitada frente a la causa de movilización de la organización. En todo caso ambas formas representarán siempre a una parcialidad de la sociedad por lo que es fundamental que se permita la actuación y participación de otras parcialidades, lo que justifica el pluralismo.

En el Estado de Derecho los partidos políticos y las organizaciones políticas son mecanismos de expresión del pluralismo político para la formación de la voluntad popular, además de constituir los medios de participación política que tienen los ciudadanos.

El concepto de partidos y organizaciones políticas incluido en este elemento esencial de la democracia, indica

---

13. La Política Importa: democracia y desarrollo en América Latina. Banco Interamericano de Desarrollo 2005. J M. Payne p.165

que la sociedad puede y debe organizarse de la forma que desee para participar en las cuestiones públicas, en base al pluralismo como expresión de la libertad. Resulta impensable la democracia sin la posibilidad de que los ciudadanos se agrupen y organicen libremente.

1.4.5. *La separación e independencia de los poderes públicos*

La separación e independencia de poderes es uno de los principios fundamentales del Estado de Derecho y su presencia como elemento esencial de la democracia en la Carta Democrática Interamericana así lo ratifica y reconoce.

Montesquieu introduce el tema de la división de los poderes, señalando la diferencia entre la facultad de estatuir el derecho (legislativo), de ordenar (ejecutivo), y de corregir lo ordenado por otro (judicial). Esta es la base del pensamiento de Monstequieu referida a la doctrina de la separación de los poderes y a la estructura del gobierno republicano[14] que es sin duda su aporte mas reconocido.

Si bien hoy se considera que el poder del estado es uno solo y que está dividido en órganos, la denominación de poderes ha permanecido como la mas utilizada. Los poderes, órganos o si se quiere departamentos del estado deben ejercer sus funciones con independencia y con control político y funcional recíproco. En ningún caso los poderes legislativo,

---

14. Lousteau, Guillermo. Democracia y Control de Constitucionalidad. Interamerican Insttitute for Democracy 2009. Pag 88.

ejecutivo y judicial, (y los que algunas constituciones han adicionado como el órgano electoral al que han convertido en un cuarto poder), pueden estar bajo el control de un mismo individuo o subordinados todos a uno de los poderes, generalmente del poder ejecutivo.

Ninguna rama del poder puede convertirse en superior ni subordinar a las otras, por lo que para mantenerlas adecuadamente articuladas, la institucionalidad democrática utiliza la separación de poderes por medio de un sistema de "controles, frenos y contrapesos" (checks and balances[15]). No es posible ni permitido el avasallamiento de un poder por otro, ni la suma de las facultades en uno solo, ya que el objeto de la división e independencia, además de garantizar el buen gobierno es el asegurar los derechos individuales de los ciudadanos.[16]

---

15. Término del constitucionalismo anglosajón atribuido en origen a Montesquieu.

16. Hidalgo, Enrique. ICAP. Argentina www.diputados.gov.ar

CAPÍTULO 2

Dictaduras del socialismo del siglo XXI

2.1. Dictadura

La Real Academia Española define dictadura como el "gobierno que bajo condiciones excepcionales prescinde de una parte, mayor o menor, del ordenamiento jurídico para ejercer la autoridad en un país" y como "un gobierno que en un país impone su autoridad violando la legislación anteriormente vigente".[17]

En democracia ninguna persona o entidad puede situarse por encima de la ley, ya que la democracia se expresa en el Estado de Derecho en el que las leyes constituyen la base de la institucionalidad.

En democracia es la institucionalidad constitucional la que otorga al sistema una de sus mas importantes garantías y características que es la "previsibilidad".

---

17. Real Academia Española. Diccionario de la Lengua Española. 22 Edic. 2001.

La previsibilidad como cuestión inherente a la democracia y en consecuencia al Estado de Derecho significa que las cuestiones relativas al sistema mismo son conocidas con anticipación, que se puede prever o saber lo que habrá de acontecer institucionalmente. Es la certidumbre que dan la constitución y las leyes y el sometimiento de la autoridades a éstas.

La previsibilidad permite saber cuando hay elecciones, cuanto dura en sus funciones una autoridad elegida, cuándo debe dejar el poder, cómo debe ejercerlo, cuáles son los límites de su ejercicio, cuáles son sus competencias, cuáles son los procedimientos para impugnar sus actos, cuáles son sus responsabildades, cómo se pueden exigir responsabilidades por sus actos, y en suma todo lo que una autoridad puede y no puede hacer, y hasta cuando.

El rasgo más importante del principio de previsibilidad en democracia es que el ciudadano puede estar seguro de que apoyando u oponiéndose al gobierno sus libertades y derechos no serán afectados, aunque su mas grande enemigo tenga el mandato político de su país. Por la previsibilidad, el pueblo sabe que el buen o mal gobernante tiene una fecha para dejar el poder.

En los regímenes dictatoriales sucede todo lo contrario a la democracia. En lugar de que nada ni nadie se pueda poner por encima de la ley y del Estado de Derecho, en dictadura un individuo o un grupo han rebasado la ley, se ubican por encima de ella, la adulteran, la incumplen, la cambian y configuran a su antojo. Nada es previsible institucionalmente. Dictan su voluntad por encima de la institucionalidad, llegando incluso a crear su propio sistema que denominan legal pero que no es lícito ni es legítimo pues no está destinado a respetar las libertades y derechos de los ciudadanos y del pueblo, sino y en general a permanecer indefinida y arbitrariamente en el poder. "Las dictaduras formulan al régimen propiamente dicho, los que tienen el poder en modelos no-democráticos, tienen supremacía sobre el régimen, encarnan al régimen, el estado es el instrumento ejecutorio del régimen"[18]

La principal tarea de una dictadura es mantenerse indefinidamente en el poder, en el control total del Estado y de sus ciudadanos. Uno de los instrumentos primordiales para ese objetivo es promover la ineficacia política de la oposición, terminar con ella o crear una oposición funcional o simulada que contribuya a la apariencia y que permita ser presentada como un elemento para disfrazar la dictadura como si fuera democracia.

Se considera que las dictaduras pueden ser autoritarias y totalitarias. "En la dictadura autoritaria el estado se resguarda y no transgrede las instituciones sociales y políticas. La dictadura totalitaria domina en adición a lo político los sectores de la economía, salubridad, educación, alimentación, vivienda, justicia, medios de comunicación e información,

---

18. Shiling, Julio. Dictaduras y sus Paradigmas Eriginal Books. 2da Ed. Feb. 2013. Pag 49.

redes cibernéticas lícitas, añadiendo una capacidad impresionante para la movilización de las masas"[19].

2.2. La dictadura cubana se salva y se expande

Después de la caída del muro de Berlín y el posterior colapso de la Unión Soviética (URSS) en 1991, la dictadura de Fidel Castro en Cuba quedó en una situación económica tan delicada que tuvo que afrontar el denominado "período especial". Una etapa de crisis económica severa que afectó la vida y la salud del pueblo cubano y la estabilidad de la dictadura.

La desaparecida URSS dejó de enviar petróleo a Cuba y los efectos fueron inmediatos y devastadores, llegando a importar aproximadamente la décima parte del petróleo que antes recibía de la URSS. El producto interno bruto (PIB) estimado para 1990 se redujo en mas del 35% para 1993.

La llegada de Hugo Chávez a la presidencia de Venezuela en 1999 y sus inmediatos acuerdos con la dictadura cubana, significó en los hechos el fin del denominado período especial.

La Unión entre Chávez y Castro supuso para Cuba una extraordinaria asistencia económica que permitió estabilizar la deteriorada dictadura de Fidel Castro en un momento en que el mundo esperaba la caída de la dictadura y la liberación del pueblo cubano.

---

19. Shiling, Julio. Ob. cit. Pag.20.

Para Hugo Chávez esta alianza —que se iría fortaleciendo y ampliando con el tiempo— le aportó asistencia política, asesoramiento de seguridad e inteligencia y la concertación de un plan político de alcance hemisférico que ha permitido el crecimiento de la influencia y dominio de la dictadura castrista, sus ideas y mecanismos y que otorgó a Hugo Chávez el liderazgo mas allá de las fronteras de su país.

Además de su salvación económica y la salida del periodo especial, la dictadura castrista pudo recrear sus planes de penetración y expansión de la década de los sesenta. La ideología y métodos anti democráticos y anti americanos del gobierno de la isla sumados a la ilimitada cantidad de dinero y recursos proporcionados por Chávez provenientes de la riqueza petrolera venezolana, permitieron —sin que las democracias del hemisferio se dieran cuenta— poner en marcha un renovado proyecto para intervenir y controlar los países latinoamericanos.

El primer objetivo fue la consolidación del poder absoluto de Hugo Chávez en Venezuela y simultáneamente las embajadas y agentes cubanos empezaron a operar mecanismos de desestabilización en países latinoamericanos. Nuevamente —como en la década de los sesenta— Bolivia, Perú, Ecuador en el cono sur, Nicaragua, Honduras, Salvador en Centro América, fueron escogidos como objetivos para la expansión, que rápidamente abarcaría a todos los estados latinoamericanos.

Así nació el proyecto político de expansión de las dictaduras en América Latina. Desde la agonizante dictadura de Cuba —alentada y salvada por el dinero de la Venezuela chavista— hacia las democracias de los países del hemisferio que estaban siempre sometidas a rigores económicos y vicisitudes políticas. Democracias que en ese momento, a inicios del siglo XXI, se encontraban luchando contra una crisis económica regional, el descontento social interno propio de una crisis económica y la presión de los organismos económicos multilaterales.

Con este origen, va cambiando la situación política en las américas terminando con la democracia de varios países para dar paso a las "dictaduras del siglo XXI"[20]. Poniendo bajo amenaza a casi todas las democracias, subordinando a casi todas, iniciando un período de alta conflictividad social en la región por el aliento político-económico del eje La Habana Caracas, llegando al control y a la formación de organismos regionales de carácter político y económico.

En suma se cambia el mapa político de la región, que pasa de las américas democráticas con una dictadura aislada, a las américas que veneran esa dictadura, con la expansión de este tipo de regímenes a países como Venezuela, Bolivia, Ecuador y Nicaragua, y el resto de los estados permanentemente amenazados con la desestabilización.

---

20. Hurtado, Osvaldo. Dictaduras del Siglo XXI. El caso Ecuatoriano. Paradiso Editores. Quito Ecuador. 2012

2.3. Bolivia: violencia para romper la democracia

Bolivia ya había sido escogida como objetivo prioritario en los sesentas para la expansión del proyecto castrista por medio del foquismo armado que la dictadura cubana llegó a instalar con la guerrilla comandada por Ernesto Guevara. Al poco tiempo de la toma del poder en 1959 Castro había iniciado un proceso de expansión en las américas que llevaría a la instalación de guerrillas rurales, guerrillas urbanas, terrorismo y confrontaciones abiertas en casi todos los países de América Latina[21].

Son varias las razones por las que Bolivia siempre formó parte prioritaria de los planes castristas y fue escogida como el primer país para la expansión del proyecto pactado entre Hugo Chávez y Fidel Castro. Algunas de estas razones —similares a las de los sesentas— posteriormente confesadas y apologizadas por sus propios autores, eran al empezar este siglo:

- La situación geográfica de Bolivia, porque geopolíticamente permite la influencia sobre los cinco países que la rodean (Argentina, Chile, Brasil, Paraguay y Perú), e incluso sobre Uruguay.

- Porque siempre se consideró a Bolivia un país de fácil penetración por su histórica inestabilidad

---

21. Interamerican Institute for Democracy. La Influencia Castrista en las Américas. Feria del Libro de Miami 2011. www.intdemocratic.org

política, por sus niveles de pobreza, su situación social, etc.

- Porque fue evaluada por la inteligencia cubana como un país "barato para la operación político-suversiva", ya que el costo en Bolivia en materia de movilización, confrontación y acciones de desestabilización es mucho menor que el necesario para los mismos fines en otros países.

- Porque ha tenido siempre movimientos sociales muy combativos como el minero y el campesino.

- Porque desde fines de los ochenta se había desarrollado un sector muy combativo y movilizado, el de los productores de la coca ilegal, con experiencia en el uso de la violencia sindical y en contra del Estado.

- Porque cuando el plan digitado desde La Habana con dinero aportado desde Caracas se pone en marcha, Bolivia estaba gobernada por un ex dictador militar[22] que había llegado al poder democráticamente, pero que tenía un gobierno muy débil.

Con estas y otras condiciones, sin que el gobierno ni la oposición en Bolivia lo perciban, se puso tempranamente en marcha el proyecto de toma del poder para lo que posterior-

---

22. Hugo Bánzer Suárez, elegido democráticamente para el periodo 1997-2002

mente se denominará el socialismo del siglo XXI o proyecto Alba. Los primeros ataques fueron contra el gobierno del Gral. Hugo Bánzer Suárez y se conocen como "el bloqueo del altiplano" y "la Guerra del agua".

El año 2000 se inició en Bolivia con un conjunto de conflictos que llevó al gobierno a dictar un estado de sitio que nunca pudo cumplir y que mas bien generalizó el conflicto. Una huelga de hambre de miembros de la Policía Boliviana se convirtió en motín; un documento anónimo supuestamente firmado por miembros de las Fuerzas Armadas anunciaba la solidaridad de los militares con los policías; en Cochabamba campesinos y cocaleros tomaron la ciudad en protesta por el alza de tarifas del agua (la Guerra del agua).

Un bloqueo de caminos decretado por los campesinos del altiplano cortó la ruta al Perú y cuando el Ejército ingresó a la comunidad rural de Achacachi, a dos horas de La Paz, los campesinos aymaras los atacaron con armas de fuego, un capitán herido fue trasladado al hospital local, de donde los campesinos enfurecidos lo sacaron y lo mataron a golpes. En estas condiciones el gobierno tuvo que ceder, a los policías les dio un 50% de aumento salarial —pedían 30%—, rescindió el contrato con Aguas del Tunari en Cochabamba, modificó la ley de aguas.... (sic)[23].

El gobierno del general Bánzer acusó a la oposición de buscar derrocarlo y la oposición liderada por el Movimiento

---

23. Altiplano en llamas. Semana.com. Mayo 15, 2000

Nacionalista Revolucionario (MNR) acusó al gobierno de ineptitud. Sin embargo, ni oposición ni gobierno pudieron darse cuenta hasta que —en algunos años mas— resultó demasiado tarde, que al inicio del año 2000 se había dado en Bolivia un gran ensayo general que no logró terminar con el gobierno. El general Bánzer no fue derrocado tal vez porque el movimiento no estaba articulado y no tenía un solo líder y porque con toda la crítica que se le pueda hacer al, mantuvo unido su gobierno, no sufrió o controló las traiciones internas y cedió ilimitadamente cuando no tenía más remedio. Bánzer permaneció en el poder hasta que el 2001 tuvo que dejarlo en manos de su vicepresidente Jorge Quiroga, obligado por la enfermedad que lo llevaría a la muerte.

El año de gobierno de Jorge Quiroga no estuvo desprovisto de presiones, ni de confrontaciones ni de muertes causadas —como en todos los gobiernos— por el sindicalista cocalero Morales. Tal vez la mas importante por sus efectos políticos sucedió en octubre de 2001 cuando el dirigente cocalero Evo Morales dirigió hechos de violencia en la zona de Sacaba, Departamento de Cochabamba, con resultado de varios muertos y decenas de heridos. Esta situación motivó su separación del Congreso como diputado nacional para su enjuiciamiento criminal. Pese a la abundante prueba, la decisión del entonces ministro de Gobierno Leopoldo Fernández[24] de hacer una transacción con mediación del Arzo-

---

24. Luego Gobernador del Departamento de Pando. Hoy preso político de Evo Morales.

bispo de Cochabamba impidió el procesamiento y cárcel de Morales que usó este asunto como parte fundamental de su campaña en el proceso electoral de 2002.

Las elecciones de 2002 fueron ganadas por el candidato del MNR Gonzalo Sánchez de Lozada quien llegó a su segunda presidencia en coalición con el Movimiento de Izquierda Revolucionaria (MIR) de Jaime Paz Zamora y la Unidad Cívica Solidaridad (UCS) dirigida por Johnny Fernández hijo del extinto líder populista Max Fernández. Un escenario de crisis económica y desempleo fue el marco para la instalación de un gobierno débil en un país en crisis, en el que la sostenida campaña de los últimos años contra los partidos y líderes políticos denominados tradicionales (igual que lo sucedido en Venezuela y lo que ya se ejecutaba en Ecuador, Nicaragua y otros países), creaba un marco de alto riesgo.

El mismo día de la posesión del Presidente, el 6 de agosto de 2002, el dirigente cocalero Evo Morales convocó al pueblo boliviano a "derrocar a Sánchez de Lozada", mientras el Presidente convocaba al país a un diálogo nacional para superar la crisis económica y social en la que recibía a Bolivia, a tiempo de asumir el poder.

En enero de 2003 Morales pasó al ataque directo con un bloqueo cocalero de caminos en la zona de Cochabamba, acción que fue derrotada por el gobierno e incomprensiblemente por pedido de los obispos de la Iglesia Católica, Sánchez de Lozada salvó a Morales de una aplastante derrota suscribiendo un acuerdo en persona.

Casi de inmediato y tomando como bandera el incremento de impuestos impulsado por el gobierno para mantener bajo control el déficit fiscal (por presión del equipo económico y pese a la oposición del equipo político), se produjo el 12 y 13 de febrero de 2003 una huelga y motín policial que derivó en un ataque armado al Palacio de Gobierno donde se encontraba el Presidente. Una confrontación entre policías amotinados y militares que defendieron el Palacio de Gobierno, con resultados trágicos de cerca de 30 muertos y decenas de heridos, y el intento de asesinato de Sánchez de Lozada por disparos producidos directamente contra su persona al despacho presidencial. Estos hechos fueron investigados por la Organización de Estados Americanos que emitió un informe[25] en el que afirma "que los disparos efectuados el 13 de febrero contra el Palacio Presidencial pusieron en peligro la vida del mandatario", "que el Ejercito actuó en defensa de la democracia y del Estado de Derecho ante el ataque policial", recomendando que "las soluciones que se demanden para evitar que vuelvan a ocurrir hechos como los del 12 y 13 de febrero deben darse dentro del sistema democrático y solo aplicando soluciones previstas en la Constitución y las leyes pueden encontrarse salidas democráticas justas............Y en esencia que todos los protagonistas de la vida pública bolivia-

---

25. OEA. Informe de la OEA sobre los hechos de Febrero de 2013 en Bolivia. Secretaria General. Mayo 2003

na se comprometan a no usar la violencia para obtener fines políticos y no se salgan del Estado de derecho para tramitar sus reivindicaciones sociales o políticas"[26]

Es evidente que los hechos de febrero de 2003 habían estado a punto de terminar con el presidente y el gobierno democráticamente elegidos y aunque el informe de la OEA recomendaba evitar la impunidad, ninguna investigación contra los promotores, cómplices, instigadores y autores siguió adelante.

La Nueva Fuerza Republicana (NFR), liderada por Manfred Reyes Villa[27] ingresó a la coalición de gobierno.y los actos de preparación para terminar con el gobierno y la democracia continuaron. El diputado cocalero Evo Morales empezó a viajar abierta y públicamente a Venezuela y a recibir apoyo económico de Hugo Chávez, que trasladaba a Bolivia al amparo de la inviolabilidad que tenía como representante nacional.

En agosto de 2003 fue detenido el Agregado Militar de la Embajada de Venezuela en La Paz por conspirar e inducir a la conspiración a oficiales bolivianos a los que ofrecía dinero para una acción contra el gobierno en apoyo a grupos civiles que "estaban preparados". El presidente Sánchez de Lozada prefirió resolver este tema por la vía diplomática

---

26. OEA. Informe Feb. 2003. Bolivia. citado.

27. Hoy exiliado en Estados Unidos luego de haber cumplido funciones electas de Gobernador de Cochabamba y haber sido candidato presidencial el 2009

y reservada expulsando al agregado, quejándose al gobierno de Chávez —con quien habló telefónicamente sobre el asunto— y evitando la difusión pública.

El mismo mes de agosto el gobierno abrió un Nuevo diálogo nacional con mediación de la Iglesia Católica, el mismo que fue abruptamente interrumpido y terminado cuando Evo Morales luego de retornar de uno de sus viajes a Caracas, anunció a los obispos en La Paz que no habría mas diálogo y que "se avecinaba una dura confrontación"[28].

En ese marco, con guerra avisada se planteó la denominada "Guerra del gas" que terminaría con la renuncia forzada del presidente constitucionalmente elegido. Se utilizó una supuesta decisión gubernamental consistente en exportar gas a los Estados Unidos vía Chile, que el gobierno no solo no había tomado sino que ni siquiera había anunciado[29]. Las acciones subversivas se concentraron en La Paz, se produjeron bloqueos de caminos, de instalaciones petroleras, de vías de abastecimiento buscando aislar a la sede de gobierno.

En Sorata, que había celebrado su aniversario el 14 de septiembre, la movilización campesina secuestró a todos los turistas nacionales y extranjeros que habían asistido a la celebración y el gobierno debió ordenar una operación de rescate que pudo hacer retornar ilesas a La Paz a mas de

---

28. Conferencia Episcopal. Obispos de La Paz y el Alto en comunicación verbal a los ministros de la Presidencia y de Defensa.

29. Márquez, Nicolás. El impostor. Editorial Contracorriente, Argentina. 2012. Pag.74

mil quinientas personas, pero que a su retorno fueron víctimas de una emboscada armada dirigida por Felipe Quispe con resultado de policías, militares y campesinos muertos y heridos.

El propio Quispe ha confesado su actuación criminal declarando en una entrevista de prensa: "Una vez presos nuestros compañeros ordeno a las bases, a alguna gente que tenía entrenamiento guerrillero del EGTK, a ejecutar nuestra estrategia contra el Gobierno. Además ordenó sacar las armas para enfrentar a los militares. Entonces nuestra gente preparada para las guerrillas ha emboscado a los policías con un muerto y varios heridos. Esa fue la causa para que los militares intervengan a Warisata"[30]

El derrocamiento del gobierno constitucional es reconocido *a posteriori* como un mérito político:"La Confederación Sindical Única de Trabajadores Campesinos de Bolivia (CSUTCB) se apropia de la estrategia y táctica político-militar de Tupak Katari, por el hecho de que esta latente e intacto en el alma y corazón del indio nuevo. Por eso, ingresamos al escenario político con bloqueos de carreteras armados, corte de productos agropecuarios, marchas de protestas, huelgas de hambre y cerco a las ciudades coloniales hasta estrangular y matar de hambre a los q'aras burgueses"[31]

---

30. Opinión. Bolivia, La emboscada a policías era para matar al Zorro. Abril 8 2013.

31. Quispe Huanca, Felipe. La caída de Goni. Ediciones Pachacuti. Julio 2013.p.9.

Lo cierto es que para promover violencia, ataques armados a las personas, a los funcionarios de gobierno, a la propiedad pública y privada, en los hechos que comenzaron en agosto de 2003 y que terminaron con el derrocamiento del presidente Sánchez Lozada, intervinieron además de los conspiradores nacionales, los agentes y operadores cubanos, militares venezolanos del gobierno de Chávez, elementos armados de las FARC[32], campesinos entrenados del EGTK[33] provenientes del Perú, cocaleros, policías que habían intervenido en los ataques de Febrero. En suma, todo lo que las órdenes de la alianza entre Castro y Chávez pudieron concentrar, para que si era necesario iniciaran y desarrollaran una guerra civil.

El derramamiento de sangre y la confrontación estaban planeados para la desestabilización y ya habían acontecido incluso en gobiernos democráticos anteriores, pero el efecto del derrocamiento del Presidente nunca se hubiera producido si no hubiera concurrido un elemento político que formó parte esencial de la conspiración: la traición del vicepresidente Carlos D. Mesa Gisbert.

Mesa guiado por su ambición económica y de poder en medio de esta crisis y ataque a la democracia anunció públicamente lo que el denominó "paso al costado" separándose del gobierno y dejando abierta la vía de la sucesión

---

32. *El Nuevo Herald*, septiembre 30, 2004, p. 2B

33. *El Nuevo Herald*, dciembre 27, 2003, p. 1B

constitucional para que el golpe de estado quede disfrazado de renuncia. "Mesa quería ser presidente a toda costa, al empezar la campaña del 2002 me había pedido —y llegó a decirle a Goni— que él (Mesa) debería ser el candidato a la presidencia. Para ser candidato a la vicepresidencia puso condiciones onerosas, en los hechos vendió su ingreso a la candidatura, al punto que el mismo día de la proclamación Mesa seguía negociando condiciones económicas y espacios de poder"... "en enero de 2003 fracasó el diálogo nacional y Mesa propuso el proyecto de sustitución ordenada de Goni". En la crisis de septiembre y octubre de 2003 "Mesa sabía todo lo que estaba pasando, lo había aprobado y autorizado porque participó de todas las reuniones en que se tomaron decisiones"[34]

El derrocamiento del presidente Sánchez de Lozada y el éxito del golpe de estado planeado por la corriente dictatorial latinoamericana, fue consumado el 17 de octubre de 2003 con la firma forzada de una renuncia en la que el dignatario expresa: *"al poner mi renuncia a consideración del Honorable Congreso Nacional, lo hago con la íntima convicción de que la aceptación de la misma no corresponde ya que no se puede retirar a un Presidente elegido democráticamente por mecanismo de presión y de violencia que están al margen de la ley"*[35]

---

34. Lema Gonzalo. La Bolivia que se va La Bolivia que Viene. Los Tiempos. La Prensa. Bolivia. Agosto 2011.

35. Sánchez de Lozada Gonzalo. Mensaje al Congreso Nacional. Octubre 17.2003. Ver Anexo 3.

El esclarecimiento de los hechos que costaron la vida a mas de 60 bolivianos, que dejaron decenas de heridos, terminaron con el gobierno de Sánchez de Lozada y que marcan el principio del fin de la democracia en Bolivia son sin duda una situación pendiente. Estos hechos hasta ahora, solo han servido para atacar a la denominada clase política tradicional, perseguir, encarcelar y obligar al exilio a dirigentes políticos, militares, servidores públicos y ciudadanos que defendieron la democracia, la Constitución Política y las leyes de la República.

Carlos Mesa llegó a la presidencia como sucesor del derrocado Presidente constitucionalmente elegido Gonzalo Sánchez de Lozada. Asumió el poder en alianza con los derrocadores y pactó con ellos la denominada "agenda de octubre", como el propio Mesa lo reconoce y publicita en su página web: "Al día siguiente de ser posesionado, Mesa dirigió un discurso ante los sectores movilizados en la Ciudad de La Paz, comprometiéndose a: (1) llamar a un referéndum vinculante sobre el gas, (2) al establecimiento de una Asamblea Constituyente y (3) a una reforma de la Ley de Hidrocarburos, que incluyera la revisión de los procesos de privatización"[36], a la que agregó días después el "juicio de responsabilidades contra Sánchez de Lozada y sus colaboradores"

La agenda de octubre no es otra cosa que la agenda para iniciar el desmantelamiento de la institucionalidad demo-

---

36. http://carlosdmesa.com/2013/02/07/el-referendo-sobre-hidrocarburos-referendum-del-gas-de-18-de-julio-de-2004/

crática en Bolivia y es el resultado del pacto previo que hizo Mesa en el proceso de conspiración del que formó parte y del que fue su primer beneficiario. Por eso, antes de cumplir dos semanas de gobierno firmó a favor de sus cómplices (los conspiradores y derrocadores) una amnistía[37] para excluirlos de toda investigación y proceso. "Carlos Mesa emitió el Decreto Supremo 27237 que otorga amnistía a todos los actores sociales de octubre de 2003 (liberando así a los causantes de la crisis, entre ellos Evo Morales, de enfrentar juicio). El decreto es luego enmendado para especificar que la amnistía no se aplica a los ex miembros del gobierno, sino solo a los movimientos"[38]

Evo Morales en persona inició, impulsó y continúa promoviendo juicio contra los derrocados, guiando una investigación solo contra los miembros del gobierno depuesto, culpándolos por los muertos y heridos que produjo el mismo Morales, con Quispe, agentes extranjeros y sus cómplices con los hechos conspirativos y los actos de violencia.

Derrocado Sánchez de Lozada, la democracia bolivana quedó herida de muerte. Los conspiradores se dedicaron a buscar la rápida aplicación de la agenda de octubre para romper las defensas institucionales que contenía la Constitución Política del Estado.

---

37. Mesa Gisbert Carlos D. Decreto Supremo 27234. Octubre 31. 2003.

38. Decreto Supremo 27237. Noviembre 4.2003 http://es.wikipedia.org/wiki/Guerra_del_Gas_(Bolivia). Conflicto y muerte

Los mismos aliados de Mesa en octubre de 2003, lo pusieron bajo sucesivas presiones, forzándolo a renunciar "tras asegurar que Bolivia se encuentra en uno de los momentos mas difíciles de su historia. Según Mesa ha llegado el punto en el que no se cumple la ley y en el que unos pocos están imponiendo su criterio sobre el resto de la población"[39]. Seguramente los veinte meses de gobierno luego de su traición, hicieron olvidar a Carlos D. Mesa que él mismo había llevado a esa situación al gobierno democráticamente elegido del presidente Sánchez de Lozada. Lo que sucedía a Mesa no era sino el previsible resultado de sus actos. Además de que ningún ciudadano boliviano nunca había votado por Carlos Mesa para presidente.

Así Mesa dejó el poder el 10 de junio de 2005 y el Congreso Nacional nombró en el cargo al Presidente de la Corte Suprema de Justicia Eduardo Rodríguez para que en el plazo de seis meses convoque y realice elecciones generales.

Las elecciones fueron ganadas por el dirigente cocalero Evo Morales. Lo logró sobre el desprestigio del sistema político democrático del país y con todo el aparato económico y de publicidad de sus patrocinadores de Caracas y La Habana. Posesionado Evo Morales como presidente, solo restaba por recorrer el mismo camino que ya había sido abierto por Chávez en Venezuela para terminar de instituir en Bolivia una dictadura más del socialismo del siglo XXI.

---

39. El Mundo.es. El país se está desmoronando. Junio 7, 2005

CAPÍTULO 3

Terminar con la Constitución política del Estado

3.1. La suplantación constitucional

Con Evo Morales en el poder, el objetivo fijado por los interventores externos en Bolivia fue el de terminar con la institucionalidad democrática y sustituirla por un sistema propio que mantenga la apariencia de democracia. Para esto el modelo a seguir era el de Venezuela, pues Chávez había realizado avances importantes en el desmantelamiento institucional de su país.

El principal escollo era la Constitución Política del Estado de la República de Bolivia. Aplicando la "agenda de octubre" Carlos Mesa llevó adelante una inconstitucional reforma de la Constitución que promulgó el 20 de Febrero de 2004 incluyendo como mecanismo de deliberación y de gobierno del pueblo a la Asamblea Constituyente, la iniciativa ciudadana y el *referendum*. Creó la unidad de Coordinación para la Asamblea Constituyente (UCAC) que sentó las bases organizativas para la convocatoria que se haría el año 2006.

Mesa promulgó las reformas constitucionales declarando que estas "permitirán convocar a una asamblea constituyente que abra camino a un nuevo pacto social para salvar a la democracia", agregando que "las 15 reformas introducidas a la Carta Fundamental son parte de la transición histórica iniciada con la cruenta revuelta popular de octubre y que debe concluir con la profunda transformación del Estado"[40].

Lo que la denominada reforma constitucional del año 2004 en verdad hizo, fue introducir el mecanismo para terminar con la Constitución al insertar sin competencia alguna la "reforma total de la constitución" por el mecanismo de la asamblea constituyente que no existía en la Carta Fundamental de la República. La nueva institución que es en si misma una suplantación quedó redactada así:

Artículo 232° La Reforma total de la Constitución Política del Estado es potestad privativa de la Asamblea Constituyente, que será convocada por Ley Especial de convocatoria, la misma que señalará las formas y modalidades de elección de los constituyentes, será sancionada por dos tercios de voto de los

---

40. AP. Bolivia. La Paz. Febrero 20.2004

miembros presentes del H. Congreso Nacional y no podrá ser vetada por el Presidente de la República."[41]

Ni este texto de la reforma constitucional de Mesa, ni ningún otro podía cambiar el Art. 230 de la Constitución vigente, pues en la Constitución de la República de Bolivia solo era posible la reforma parcial y no existía manera legal de introducir el concepto y procedimiento de reforma total. La Constitución suplantada establecía claramente:

"Parte Cuarta Primacía y reforma de la Constitución
Título primero Primacía de la Constitución.

Artículo 228°.
La Constitución política del Estado es la ley suprema del ordenamiento jurídico nacional. Los tribunales, jueces y autoridades la aplicarán con preferencia a las leyes, y estas con preferencia a cualesquiera otras resoluciones.

Artículo 229°.
Los principios, garantías y derechos reconocidos por esta Constitución no pueden ser alterados por las leyes que regulen su ejercicio ni necesitan de reglamentación previa para su cumplimiento.

---

41. Bolivia. Ley 2631 de 20 de Febrero de 2004.

Artículo 230°.

Esta Constitución puede ser parcialmente reformada, previa declaración de la necesidad de reforma, la que se determinará con precisión en una ley ordinaria aprobada por dos tercios de los miembros presentes en cada una de las Cámaras.

1.- *Esta ley puede ser iniciada en cualquiera de las Cámaras en la forma establecida por esta Constitución.*

2.- *La ley declaratoria de la reforma será enviada al Ejecutivo para su promulgación, sin que Éste pueda vetarla.*

3.- *La Ley Declaratoria de la Reforma será enviada al Ejecutivo para su promulgación, sin que éste pueda vetarla.*

Artículo 231°.

1.- *En las primeras Sesiones de la Legislatura de un nuevo periodo constitucional se considerará el asunto por la Cámara que proyectó la reforma y, si Ésta fuere aprobada por dos tercios de votos, se pasaran a la otra para su revisión, la que también requerirá dos tercios.*

2.- *Los demás trámites serán los mismos que la Constitución señala para relaciones entre las dos Cámaras.*

Artículo 232°.

1. *Las cámaras deliberarán y votarán la reforma ajustándola a las disposiciones que determinen la ley de declaratoria de aquella.*

2.- La reforma sancionada pasará al Poder Ejecutivo para su promulgación, sin que el Presidente de la República pueda observarla"[42]

Artículo 233.

Cuando la enmienda sea relativa al período constitucional del Presidente de la República, será cumplida sólo en el siguiente período.

Suplantar significa falsificar un escrito con palabras o claúsulas que alteren el sentido que antes tenía, y eso es exactamente lo realizado en la Constitución de Bolivia, en el gobierno de Carlos Mesa.

Si el lector revisa el texto constitucional trascrito que corresponde a Constitución reformada en 1994, encontrará que EN NINGUNA PARTE SE PERMITÍA LA REFORMA TOTAL DE LA CONSTITUCIÓN. Que en la Constitución Política de la República de Bolivia NO EXISTÍA LA POSIBILIDAD DE REFORMA TOTAL DE LA CONSTITUCIÓN Y TAMPOCO EXISTÍA LA ASAMBLEA CONSTITUYENTE.

Sobre esta base ilegal es que se lleva adelante la Asamblea Constituyente que fue convocada por Evo Morales por ley de 6 de marzo de 2006, estableciendo que la elección de 255 constituyentes se realizaría el 2 de Julio de 2006 y que la

---

42. Bolivia. Constitución Política del Estado. Constitución de 1967 con reformas 1994. Agosto 12. 1994

instalación de la asamblea constituyente sería el 6 de agosto de 2006.

3.2. La manipulación de la asamblea constituyente

La Asamblea Constituyente se instaló el 6 de agosto de 2006, bajo la premisa señalada en el Artículo 3 de su ley de convocatoria de que "es independiente y ejerce la soberanía del pueblo, no depende ni está sometida a los poderes constituidos y tiene como única finalidad la reforma total de la Constitución Política el Estado". Su sede se fijó en Sucre la Capital Constitucional de Bolivia.

El artículo 24 de la Ley de Convocatoria establecía que "La Asamblea Constituyente tendrá un período de sesiones continuo e ininterrumpido no menor de seis meses ni mayor a un año calendario a partir de su instalación". El Artículo 25 de la misma norma establecía que "la Asamblea Constituyente aprobará el texto de la nueva constitución con *dos tercios de votos de los miembros presentes de la asamblea*, en concordancia con lo establecido por el Título II de la Parte IV de la actual Constitución Política del Estado".

Se dispuso también en el artículo 26 de la ley de convocatoria a la Asamblea Constituyente que "concluida la misión de la Asamblea Constituyente, el Poder ejecutivo convocará a *referendum* constituyente, en un plazo no mayor a ciento veinte días a partir de la convocatoria. En dicho *referendum* el pueblo boliviano refrendará por mayoría absoluta de votos, el proyecto de la nueva constitución en su totalidad, *propuesto por la asamblea constituyente"*

La revisión de estas normas en las que la asamblea constituyente fundaba su organización y funcionamiento nos indican sus características fundamentales y determinan el ámbito de su competencia:

- La constituyente debía ser independiente y no estar sometida a los poderes constituidos

- La sede, o sea el lugar donde debía sesionar era Sucre la Capital de la República.

- Su duración era de seis meses como mínimo y un año calendario como máximo

- Aprobación del nuevo texto constitucional debía producirse por dos tercios de votos de los miembros presentes, lo que ya era en si mismo una trampa pues la votación requerida en la Constitución era de dos tercios de votos *del total de miembros*[43]

- El proyecto de nueva constitución debería ser propuesto por la asamblea constituyente y votado por mayoría absoluta de votos en un *referendum*.

Si analizamos lo que sucedió, en torno a este marco de competencia, que fijaba la naturaleza de las asambleas cons-

---

43. Bolivia, Constitución Política del Estado 1994. Art. 231. I. Mesa había modificado esta garantía por ley 2631 de 20 de feberro de 2004 con su reforma resultado de la denominada agenda de octubre.

tituyentes, el lugar de funciones, el límite de tiempo para ejercer sus funciones, los votos necesarios y la necesidad de que la asamblea constituyente sea la que proponga la nueva constitución, veremos que todo lo actuado por Evo Morales desde el Poder Ejecutivo para tener a toda costa una nueva constitución fue una cadena de ilegalidades y vicios. Además de la suplantación constitucional para incorporar la reforma total de la Constitución y la posibilidad de convocar a constituyente introducidas por Carlos Mesa, esta suplantación nos demuestra la total invalidez de lo que terminó siendo la constitución de Evo Morales.

Lo que aconteció en la realidad fue:

- Evo Morales buscó controlar la asamblea constituyente de principio a fin, incluso llegando a movilizar grupos violentos de campesinos, mineros y los denominados movimientos sociales sostenidos por su gobierno, produciendo confrontaciones con víctimas fatales, como medio de presión sobre los asambleístas y la ciudadanía.

- Cumplido el año de funciones de la asamblea constituyente, ésta no había aprobado norma alguna y por mandato de su propia ley de convocatoria que fijaba su trabajo con determinación de tiempo, había cesado en su competencia. Después de un año de funciones la asamblea constituyente simplemente no existía más y sus miembros no tenía ninguna potestad para continuar sesionando y menos aprobar norma alguna. Sin embargo, el 3 de Julio de 2007 la propia asamblea constituyente decidió prorrogar hasta el 14 de diciembre su vigencia al no haber aprobado un solo artículo de la nueva constitución[44], y enviar al Congreso Nacional esta resolución. El Congreso aprobó el 3 de agosto de 2007 la denominada Ley ampliatoria de la asamblea constituyente, prolongando sus sesiones hasta el 14 de diciembre de 2007 y estableciendo —entre otras modificaciones— que los artículos que no alcancen los dos tercios de los votos presentes pasarán a consideración del pueblo, estableciendo un mecanismo adicional para burlar el requisito de los dos tercios de votos en las decisiones, determinando la convocatoria a *referendum* dirimitorio. De esta manera se introdujo un vicio más en el proceso.

- El proceso político de la constituyente digitado por Evo Morales produjo enfrentamientos violentos en la ciudad de Sucre, inicialmente atribuidos al tema de la capitalidad, donde la directiva de la asamblea constituyente controlada por Morales, avasallando su reglamento de debates trasladó el 23 de noviembre de 2007 las sesiones

---

44. http://www.elcomercio.com/noticias/Asamblea-Constituyente-Bolivia-prorroga-diciembre_0_148785376.html

de la asamblea constituyente a un cuartel, al Liceo Militar Teniente Edmundo Andrade en la zona de la Glorieta a cinco kilómetros de la ciudad. Estos hechos produjeron la denominada "masacre de la Kalancha"con resultado de varios muertos y decenas de heridos como resultado de las acciones violentas de las fuerzas del gobierno[45]. Ante la situación de rechazo y confrontación social producida en Sucre, Evo Morales recurriendo a un cerco al Palacio Legislativo con campesinos, por medio de su partido el MAS y con ausencia de los parlamentarios de la oposición, sancionó la noche del 27 de noviembre de 2007 una norma facultando a la directiva de la Asamblea Constituyente a convocar sesiones en cualquier punto del país[46]. De esta manera la asamblea fue trasladada a la ciudad de Oruro donde desde la noche del sábado 8 de diciembre de 2007 el oficialismo inició la aprobación de su constitución "con el debate reducido al mínimo, con una lectura de corrido y sin leer a detalle cada artículo..... el cambio sorpresivo y violento de la sede para la plenaria que el miércoles 5 había sido fijada en Lauca ñ, obedeció a una estrategia del MAS para

---

45. Mérida Isael. Y quieres volver? Evolución de un gobierno. Registros de prensa. 2009 Cochabamba. Bolivia. Pags. 310, 312, 313.

46. La Razón. Bolivia. La Paz 28 de noviembre de 2007

desmovilizar a la oposición reveló anoche un asambleísta masista", reportaba la prensa[47]

- La prensa boliviana daba cuenta de que "a dos días de cumplirse el plazo para la entrega del texto constitucional, un grupo de 15 asambleístas del oficialismo, define en reemplazo de la plenaria, modificaciones de fondo, forma y estilo al documento aprobado en detallle en Oruro"[48]

- Así redactado el proyecto de nueva constitución la Asamblea Constituyente llegó al 14 de diciembre de 2007 —fecha de su ilegal prórroga de competencia— con un proyecto de texto constitucional.

- El 28 de febrero de 2008, Evo Morales en acuerdo cerrado con Jorge Quiroga Ramírez y Samuel Doria Medina jefes de los dos partidos de oposición con mayor representación parlamentaria en el Congreso, promulga la ley 3837, ajustando a su conveniencia —nuevamente— el procedimiento de la constituyente y el del inventado referendum dirimidor[49]

- Por ley de 3941 de 21 de octubre de 2008, Evo Morales plasma el acuerdo político con Jorge

47. La Razón. Bolivia. La Paz 9 de diciembre de 2007

48. La Razón. Bolivia. La Paz 13 de diciembre de 2007

49. GALINDO, Eudoro. El Legado Maligno. 2da Edición Septiembre 2012. Cochabamba. Bolivia. Pag. 451.

Quiroga y Samuel Doria Medina para interpretar el artículo 232 de la Constitución Política del Estado, determinando que:

Artículo 1°. (Marco Constitucional) De conformidad con lo establecido en el Artículo 233 de la Constitución Política del Estado, se interpreta el Artículo 232 de la Ley Fundamental.

Artículo 2°. (Interpretación) En aplicación de la Institucionalidad Republicana, el principio de Soberanía Popular, el Estado Social y Democrático de Derecho, determinados en los Artículos 1, 2 y 4 de la Constitución Política del Estado, estableciéndose que es Facultad del Honorable Congreso Nacional contribuir al proceso constituyente y realizar los ajustes necesarios al texto constitucional aprobado por la Asamblea Constituyente, sobre la base de la voluntad popular y el interés nacional, por ley especial de Congreso, aprobada por dos tercios de votos de sus miembros presentes, se interpreta los alcances del Artículo 232 constitucional, en los términos siguientes:

Artículo 232.

La reforma total de la Constitución Política del Estado es potestad privativa de la Asamblea Constituyente, que será convocada por Ley Especial de Convocatoria, la misma que señalará las formas y modalidades de elección de los constituyentes, será sancionada por dos tercios de votos de los miembros presentes del H. Congreso Nacional y no podrá ser vetada por el Presidente de la República.

Concluido el proceso constituyente y recibida la propuesta constitucional, para ser sometida a consideración del pueblo soberano, el H. Congreso Nacional podrá realizar los ajustes necesarios sobre la base de la voluntad popular y del interés nacional, por ley especial de Congreso, aprobada por dos tercios de votos de sus miembros presentes.

Los ajustes no podrán afectar la esencia de la voluntad del constituyente.

De esta manera terminaron también con la supremacía de la Constitución, que implica que el Poder Legislativo, que es el representante del pueblo, está limitado por la Constitución y debe ajustar su acción a las prescripciones de ella[50].

Así se produjo, en y por el Congreso la modificación y cambio del texto que ya viciado de nulidad (por la pérdida de competencia, inexistencia de 2/3 de votos, cambio de sede), había aprobado la Asamblea Constituyente.

Si la Asamblea Constituyente había actuado sin competencia, el Congreso lo hizo usurpando funciones, pues para ejecutar el acuerdo político entre Evo Morales y Jorge Quiroga Ramírez, se auto otorgaron —por la ley 3941— facultades constituyentes al poder legislativo ordinario que terminó siendo el redactor del texto de la nueva constitución. Luego se sabría que Quiroga y Morales habían conformado una "comisión secreta" incluso a espaldas de sus propias

---

50. Lousteau, Guillermo. Democracia y Control de Constitucionalidad. 2da Edición. Fondo Editorial IID. Miami 2009. p.19

bancadas parlamentarias, donde se redactó la constitución y que para cuestiones como la reelección del presidente habían llegado a acuerdos que contaron con la observación y garantía de los representantes de la Organización de Estados Americanos[51].

El referendum constitucional se llevó a cabo el domingo 25 de enero de 2009 y se terminó aprobando el texto de lo que es hoy la constitución política del Estado Plurinacional de Bolivia, "en un proceso electoral que ratificó una marcada división en el país, los bolivianos aprobaron con el 58,7% de respaldo el proyecto de Nueva Constitución Política del Estado que el gobierno del presidente Evo Morales identificó como piedra fundamental para dar continuidad a su proyecto político. El otro 41,3% de los electores que participó en el referendum constitucional rechazó la aprobación del texto"[52]

Referéndum Constitucional de Bolivia del 25 de enero de 2009[51]		
Sí o No	Votos	Porcentaje
SÍ	2.064.417	61.43%
No	1.296.175	38.57%
Votos validos	3.360.592	95.70%
Votos nulos o en blanco	151.107	4.31%
Total	3.511.699	100.00%
Participación	90.24%	

51. OEA. Carta de Kevin Casas a Jorge Quiroga. SAP/OE-502/13. 6 de junio 2013

52. La Razón. Bolivia. La Paz. 26 de enero 2009

La Corte Nacional Electoral informó que los resultados finales otorgaron 61,43% al SI de aprobación a la propuesta de nueva constitución frente al 38.57% obtenidos por el NO.

El resultado por departamentos, dejó un país dividido. De los nueve departamentos de Bolivia, en cinco resultó ganador el SÍ y en cuatro ganó el NO. Los departamentos de la Paz, Oruro, Potosí, Cochabamba, y Chuquisaca presentaron resultados favorables al SI, en cambio, Santa Cruz, Tarija, Beni y Pando votaron por el NO. La diferencia a favor del SÍ en Chuquisaca fue solo del 1,54%.

El cuadro oficial muestra como la nueva constitución fue aprobada por los departamentos del occidente de Bolivia y rechazada por los de oriente y sur del país.

Pese a lo estrecho de las cifras y a la división del país que los resultados muestran, en un referéndum destinado a aprobar una constitución para todos los bolivianos, la cuestión del fraude y la manipulación electoral de parte del gobierno a favor de su proceso constituyente es una cuestión adicional a tomar en cuenta. El día de la votación por ejemplo, el presidente de la Corte Nacional Electoral, José Luis Exeni, rechazó que la tinta utilizada para marcar el índice derecho sea de mala calidad y que se borre fácilmente, pero pruebas realizadas en vivo por periodistas de la televisora Unitel mostraron que ésta desaparecía con facilidad[53]. Las denuncias de fraude

---

53. www.adnradio.cl Enero 25 de 2009.

no fueron siquiera procesadas y el gobierno apresuró los resultados finales para poder promulgar su constitución.[54]

Referéndum Nacional Constituyente 25 de enero 2009 [55]				
Departamento	A favor (SI)	Porcentaje	En contra (NO)	Porcentaje
Chuquisaca	92, 069	51.54%	86, 555	48.46%
La Paz	885, 513	78.12%	248, 053	21.88%
Cochabamba	401, 837	64.91%	217, 269	35.09%
Oruro	128, 911	73.68%	46, 061	26.32%
Potosí	190, 517	80.07%	47, 420	19.93%
Tarija	63, 754	43.34%	83, 359	56.66%
Santa Cruz	256, 578	34.75%	481, 744	65.25%
Beni	34, 233	32.67%	70, 556	67.33%
Pando	10, 403	40.96%	14, 995	59.04%

El proceso de lo que se terminó por llamar la constitución del Estado Plurinacional de Bolivia es un verdadero *iter criminis*, esto es un auténtico camino del delito que se desarrolla desde el momento en que se ideó hasta el momento en que se consumó.

Hasta la convocatoria de la asamblea constituyente hemos observado y descrito los actos conspirativos, preparatorios y propositivos. Con el derrocamiento del gobierno constitucional en octubre de 2003, con la suplantación de la Constitución Política del año 2004 mal llamada reforma de Carlos D Mesa que introdujo ilegalmente la reforma total

---

54. Bolivia. CNE. Datos 15 de febrero 2009.

55. Bolivia. Corte Nacional Electoral. Informe 4 febrero 2009.

o posibilidad de convocatoria a constituyente y referendum, con la convocatoria a la constituyente, con la reunión de la asamblea constituyente y su manejo, hasta el referendum de aprobación de la "nueva constitución" se desarrollaron los actos ejecutivos de este proceso delictivo.

La cantidad, naturaleza, continuidad y alcance de las violaciones constitucionales y legales cometidas para llegar la constitución de Evo Morales se pueden describir como un *iter criminis*.

El delito es sin duda el de la liquidación del orden constitucional, de la democracia, del Estado de Derecho y de la misma República de Bolivia.

3.3. Una constitución para la dictadura

El día de la promulgación de la nueva constitución, la prensa de Bolivia reflejaba este hecho expresando que "en medio de un ambiente político polarizado por la oposición de cuatro departamentos (Santa Cruz, Beni, Pando y Tarija) a la nueva Constitución Política del Estado (CPE) ésta será promulgada hoy, en la ciudad de El Alto, por el presidente Evo Morales. La nueva norma obtuvo el apoyo del 61.43 por ciento de los votantes en el referéndum del 25 de enero y se estima que su absoluta aplicación demore 10 años."[56].

---

56. El Diario. La Paz. Bolivia, 7 de febrero 2009

Incluso quienes estaban a favor del proceso de la nueva constitución se mostraban críticos, por ejemplo el analista Paúl Coca Suárez —citado por la prensa— afirmaba que lo ideal hubiese sido que la nueva Carta Magna haya sido aprobada con el 70 por ciento de los votos en el referéndum constituyente, lo cual hubiera significado un respaldo social importante al texto constitucional. Según Coca, la razón del resultado se debe a la extrema polarización que vive el país y que se confirma en las urnas cuando cuatro departamentos (La Paz, Cochabamba, Oruro y Potosí) aprueban el proyecto de CPE, pero otros cuatro (Santa Cruz, Beni, Pando y Tarija) lo rechazan. "El mejor ejemplo de polarización es Chuquisaca, donde hasta el último momento no se supo quién ganó debido a que la ciudad vota el No mientras que el campo por el Sí.[57]

"¿Juran respetar y hacer respetar la nueva Constitución Política del Estado?", preguntó el presidente Evo Morales. Decenas de miles de personas con la mano izquierda en alto y la derecha en el corazón —el símbolo del socialismo que propugnan— respondieron "Sí, juro". "En este día histórico proclamo promulgada la nueva constitución política del Estado boliviano, la vigencia del estado plurinacional unitario, social y, económicamente, el socialismo comunitario", dijo Morales luego de firmar la nueva Carta Magna. Campesinos, indígenas, movimientos sociales, funcionarios públicos,

---

57. Bolivia. FMBolivia. www.fmbolivia.com.bo 7 de febrero 2009

militares, policías y decenas de periodistas se congregaron en El Alto, una ciudad cercana a La Paz y que está a 4.000 metros de altitud, para presenciar un acto que fue calificado de "histórico" [58]

Además de alentar y buscar beneficios políticos de la división del pueblo boliviano, Morales y su gobierno no tuvieron ningún problema (por el contrario fue parte de la señal política que enviaban) en manifestar públicamente la naturaleza ideológica del documento constitucional impuesto a los bolivianos. Bolivia quedó convertida ese sábado en un Estado plurinacional, a partir de la promulgación de su nueva Constitución, en una jornada que Evo Morales consideró "histórica" y que señaló como "de inicio del socialismo comunitario".

"En este día histórico proclamo la nueva Constitución política del Estado, del Estado plurinacional boliviano, del inicio del socialismo comunitario a partir de la nueva Constitución", afirmó exultante Morales, en un encendido discurso que brindó en la ciudad de El Alto, vecina a La Paz y bastión del oficialismo[59].

Se juró con simbología socialista, Morales personalmente proclamó el "socialismo comunitario", ratificando su alineamiento al proyecto recreado y promovido por la dictadura castrista con el dinero venezolano. De esta manera,

---

58. BBC Mundo.com http://news.bbc.co.uk/hi/spanish/latin_america/newsid_7877000/7877041.stm

59. Telam. 8 de febrero 2009

desde la promulgación de la constitución de Evo Morales, esta carta se presentó como el instrumento para ejercer el control total sobre el país, lo que con el avance del tiempo se confirmaría. Se estaba poniendo en vigencia una constitución para la dictadura.

El preámbulo de la nueva carta fundamental es una manifestación inequívoca y expresa de su propósito de confrontación y una declaración de proyecto político anti democrático. Mezclados con verdaderos pasajes de la historia dignos de reivindicar, contiene además una confesión de las acciones de alzamiento, sedición y conspiración como la guerra del agua y el derrocamiento de octubre, que queda inscrito en la nueva constitución como "guerra de octubre", cuando expresa en su segundo párrafo:

"El pueblo boliviano, de composición plural, desde la profundidad de la historia, inspirado en las luchas del pasado, en la sublevación indígena anticolonial, en la independencia, en las luchas populares de liberación, en las marchas indígenas, sociales y sindicales, en las guerras del agua y de octubre, en las luchas por la tierra y territorio, y con la memoria de nuestros mártires, construimos un nuevo Estado".

La misma introducción anuncia también la liquidación de la República de Bolivia, cuando expresa: "Dejamos en el pasado el Estado colonial, republicano y neoliberal"[60].

---

60. Bolivia. Nueva Constitución Política del Estado. Gaceta Oficial del Estado Plurinacional de Bolivia. La Paz 07 de febrero de 2009.

Evo Morales proclama en su constitución que está terminando con la República. La República se entiende como la organización del Estado cuya máxima autoridad es elegida por los ciudadanos o por el Parlamento para un periodo determinado[61]. La nueva constitución impuesta a los bolivianos desecha la República de Bolivia y deja de ser un "estado republicano".

República "en sentido amplio es un sistema político fundado en el imperio de la ley y en la igualdad ante la ley como forma de frenar los eventuales abusos de las personas que tienen mayor poder, del gobierno y de las mayorías, con el objeto de proteger los derechos fundamentales y las libertades civiles de los ciudadanos y de los que no puede sustraerse nunca un gobierno legítimo"[62].

Un gobierno legítimo solo es posible en el marco de una república, porque es en este contexto en el que se garantiza la protección del ciudadano frente al poder, incluso al poder de las mayorías, ya que ni por mayoría se pueden desconocer los derechos fundamentales.

Para entender la gravedad y los alcances de que Bolivia dejó de ser una república por declaración expresa de los autores de la nueva constitución en detrimento de los derechos de los bolivianos, vale la pena revisar los elementos comunes del concepto "República":

---

61. Real Academia Española de la Lengua. Edición 2001.
62. Wikipedia Enciclopedia.org

- La periodicidad en los cargos; no es posible el ejercicio del poder de manera indefinida, ni siquiera con el artificio de la reelección;
- La publicidad de los actos de gobierno, no es posible el secreto de Estado;
- La responsabilidad de políticos y funcionarios públicos;
- La separación y control entre los poderes;
- La soberanía de la ley;
- El ejercicio de la ciudadanía;
- La práctica del respeto, y no la intolerancia con las ideas opuestas, la garantía del derecho de disentir;
- La igualdad ante la ley;
- La idoneidad como condición de acceso a los cargos públicos.

Si recordamos el proceso por el que se llega a esta constitución con la liquidación y el desconocimiento deliberado de la república para reemplazarlo por el de estado plurinacional, podemos entender la razón por la cual el nuevo texto constitucional resulta funesto para la democracia.

La nueva constitución —que empieza liquidando la República de Bolivia— está estructurada en sus alcances políticos, económicos y sociales para desconocer los elementos esenciales de la democracia, que como hemos citado, descrito y comentado en la primera parte de este trabajo, son *el respeto a los derechos humanos y las libertades fundamentales; el acceso al poder y su ejercicio con sujeción al Estado de Derecho; la celebración de elecciones periódicas, libres, justas y basadas en el sufragio universal y secreto como expresión de la soberanía del pueblo; el régimen plural de partidos y organizaciones políticas; y la separación e independencia de los poderes públicos.*

Desde el preámbulo mismo de esta constitución, se entra a calificar períodos pasados de la historia del país y "a tomar partido", se menciona los "funestos" tiempos de la colonia; la sublevación indígena "anticolonial"; las "guerras del agua y de octubre"; los mártires de la gesta constituyente y se exalta y exacerba racismo existente en la sociedad. Se declara el abandono del estado colonial, republicano y liberal, para convertir a Bolivia en un "estado unitario social de derecho plurinacional comunitario". No es necesario ser un experto constitucionalista o un cientísta político para darse cuenta que según este preámbulo, ya ¡Bolivia no será republicana! La República de Bolivia ¿ha dejado de existir?[63]

El texto promulgado es de contenido racista, excluyente y discriminatorio, que ignora los derechos humanos y a los derechos fundamentales. Busca sobretodo terminar con la nación boliviana y dividir a los bolivianos. "La nueva constitución de Bolivia es un documento de una triste hermosura, una especie de curiosidad antropológica en el Siglo XXI. Representa un explicable intento de restituir a la población indígena los derechos y presencia en la vida del país que se

---

63. Coronel, Gustavo. Opinioneideas.org . 9 de enero 2012. Escrito el 10 de febrero de 2009

le habían quitado o escamoteado durante años de turbulenta historia. En general, sin embargo, sus redactores han hecho oscilar el péndulo con tanto vigor que han llevado el documento al otro extremo, a ser casi racista, excluyente y discriminatorio contra importantes sectores de la población diferentes a la población indígena. Este documento, con sus innegables buenas intenciones, parece consagrar la naturaleza tribal, federativa, de una nación que no termina de encontrar una sólida identidad colectiva"[64].

Si a esto agregarnos que en el Censo de población y vivienda de 2013 casi el sesenta por ciento de los bolivianos han rechazado considerarse como indígenas, la gravedad de la maniobra constitucional resulta aún mas notoria.

Como líder máximo de los cultivadores de coca ilegal, Evo Morales llevó al texto constitucional el tema de la coca considerada como estupefaciente en el marco de la Organización de Naciones Unidas[65] y materia prima esencial para la producción del alcaloide tropano cristalino que se obtiene de las hojas de coca y que se conoce como cocaína[66].

La coca es ahora en Bolivia un "recurso natural renovable", pues la Constitución de Morales declara a "la **coca** originaria y ancestral como patrimonio cultural, recurso na-

---

64. Coronel, Gustavo. Comentario citado.

65. Organización de Naciones Unidas. Convención de estupefacientes 1961.

66. Wikipedia citando a Aggrawal Anil, National Book Trust, India (1995) p.52-3

tural renovable de la biodiversidad de Bolivia, y como factor de cohesión social; en su estado natural no es estupefaciente" (textual, Art. 384[67]).

Los efectos de la destrucción de la democracia y de la institucionalidad que Evo Morales ha llevado adelante en Bolivia usando su constitución se anunciaban ya el día de la promulgación, cuando la prensa reflejaba un atisbo de lo que empezaba a suceder reconociendo que el nuevo texto otorga más poderes al pueblo indígena (que son una minoría), refuerza el papel del Estado en la economía y reconoce un estado autonómico a nivel departamental, municipal e indígena, que en lo político, permite la reelección presidencial lo que implicaba que Morales podría —como en efecto hizo— postular nuevamente a la presidencia en diciembre de ese año, cuando se realicen las elecciones generales, comicios de los que también saldría la nueva "Asamblea Plurinacional" que reemplazaría al Congreso Nacional[68].

La nueva constitución contiene en su texto una cuidadosa suplantación de los nombres de instituciones y funciones. Cambia el Congreso de la República por la Asamblea Legislativa Plurinacional, reemplaza la Corte Suprema de Justicia por el Tribunal Supremo de Justicia, el Tribunal Constitucional por el Tribunal Constitucional Plurinacional, La Corte Nacional Electoral por el Órgano Electoral

---

67. Constitución Política del Estado Plurinacional de Bolivia. Gaceta Oficial art. 384.

68. BBC Mundo 7 de febrero 2009

Plurinacional con el Tribunal Supremo Electoral a la cabeza, la Contraloría General de la República por la Contraloría General del Estado, el Defensor del Pueblo por la Defensoría del Pueblo, el Fiscal General de la República por el Fiscal General del Estado. De esta manera y con el pretexto de "haber desaparecido el órgano" o de haber "desaparecido la función" Evo Morales y su gobierno llevarían a cabo en los meses siguientes, el vaciamiento de las instituciones y la cesación automática de los funcionarios constitucionalmente nombrados para reemplazarlos por serviles del régimen, subordinados a la autoridad y a la voluntad del presidente, jefe de todo el poder, ubicado por encima de la ley y convertido en dictador.

No se podía esperar otra cosa si se compara el contenido de esta constitución impuesta a Bolivia con las constituciones de Hugo Chávez en Venezuela y de Rafael Correa en Ecuador. La verdadera readacción e inspiración de estas tres constituciones de los países del Alba o bolivarianos corresponde a un grupo de abogados de la Universidad de Valencia, Viciano Pastor y Martínez Dalmau entre otros, cuya acción e intervención fue públicamente reconocida por los constituyentes oficialistas de Bolivia a la prensa internacional.[69]

---

69. Washington Post, Martes 17 de febrero 2009. "Documento Latinoamericano empuja revoluciones; equipo de investigadores españoles que ayudó a reformular las constituciones de Venezuela, Bolivia y Ecuador", por Joshua Partlow: servicio exterior del Washington Post

Estos autonombrados neoconstitucionalistas, imparten un curso de postgrado sobre derecho constitucional en la Universidad de la Habana-Cuba, como muestra de la impostura de que en una dictadura se pretenda enseñar y difundir Derecho Constitucional. Lo tratan de presentar como una nueva tendencia del constitucionalismo bajo el engañoso título de "nuevo constitucionalismo latinoamericano" que se jacta de "haber pasado del estado de legalidad y de derecho a un estado constitucional de derechos"[70].

Como lo expresan Viciano Pastor y Martínez Dalmau, el aporte del nuevo constitucionalismo Latinoamericano consiste en la aplicación radical de la teoría democrática de la constitución a través de instituciones populistas: poderes constituyentes originarios (excluyendo a los poderes constituyentes derivados o constituyentes constituidos, como se conoce a los poderes reformadores), mecanismos de democracia directa (referéndum, plebiscito, revocación popular de mandatos) y la elección de las cortes constitucionales[71]. Con estos fundamentos que pretenden formular doctrina se ha desarrollado y organizado la estructura jurídico constitucional de las dictaduras del socialismo del siglo XXI en América Latina.

---

70. Interamerican Institute for Demcoracy. Democracy Paper No. 5. agosto 2012. p.21

71. Ob Cit. Exposición de Guillermo Lousteau en el Congreso de Latin American Studies Association (LASA) 2012.

En los hechos, como apunta el ex presidente del Ecuador Osvaldo Hurtado, "los mandatarios de los llamados países bolivarianos una vez instalados en el poder se las arreglaron para, a través de disimulados y sucesivos mini golpes de Estado, desconocer el orden jurídico bajo el cual fueron elegidos y conformar un sistema político contrario a los principios democráticos. Como antes lo hicieron las dictaduras militares, la constitución continuó vigente, pero solamente en lo que no se oponía a los objetivos políticos del caudillo en ciernes, hasta que dóciles asambleas constituyentes les entregaran la constitución que habían ordenado escribir a sus devotos. Las amplias facultades que les fueron asignadas les permitió burlar las leyes, ejercer un poder ilimitado, someter las funciones legislativa y judicial, subordinar los órganos de control, restringir libertades y derechos, limitar el pluralismo, eludir la rendición de cuentas, obstaculizar la alternacia política y manipular los procesos electorales"[72]

---

72. Hurtado, Osvaldo. Ob cit. p.10

CAPÍTULO 4

Efectos del ejercicio de la dictadura de Evo Morales en Bolivia

Con su Constitución como instrumento fundamental y en "cumplimiento" de las nuevas normas por ella establecidas, Evo Morales puso en marcha el reemplazo total de la institucionalidad en Bolivia, con el discurso de que había fundado un nuevo Estado. Pero estas acciones no eran originales de Bolivia ni obedecían a un talentoso plan del gobierno de Morales, se trataba de un procedimiento que ya había sucedido y estaba sucediendo en Venezuela, Ecuador y Nicaragua. Un mismo plan y una misma hoja de ruta transnacionalizada y además supervisada cuidadosamente.

Este proceso es claramente descrito por Osvaldo Hurtado cuando expresa: "una vez que los autócratas del siglo XXI recibieron las amplias atribuciones que les otorgaba la nueva constitución, a través de dóciles órganos legislativos, del veto presidencial o de poderes habilitantes, armaron un enjambre de leyes cuyas redes mantienen atrapadas a las instituciones democráticas. Mediante el sometimiento de las funciones Legislativa y Judicial y de los órganos de control, conformaron un sistema de dominación política, económica, social, electoral, cultural y comunicacional, del que se han valido para eternizarse en la presidencia y perseguir, apresar, exiliar, silenciar y amilanar a críticos y opositores, a fin de que no pueda emerger ninguna alternativa política. Para controlar y manipular a la opinión pública conformaron conglomerados de medios de comunicación....para limitar o eliminar la libre expresión hostilizaron, amedrentaron y, en ocasiones, expropiaron periódicos, revistas, radios y televisoras.

También se valieron de juicios penales, acciones administrativas, inspecciones laborales, fiscalizaciones tributarias y otras formas de intimidación, con las que aparentaron aplicar la ley cuando lo que en realidad hacían era perseguir de manera maliciosa, discriminatoria y discrecional a sus adversarios. Como las dictaduras del siglo XXI controlan todos los órganos del Estados no existe justicia ni tribunales independientes, los ciudadanos y la sociedad no pueden defenderse"[73].

Buscando el nacimiento de una conciencia por lo menos continental sobre esta grave situación, acusa y demuestra el expresidente del Ecuador, que "con las particularidades propias de cada país, es lo que vienen haciendo Hugo Chávez en Venezuela desde 1999, Evo Morales en Bolivia desde 2006,

---

73. Hurtado, Osvaldo. Ob. Cit. p.11

Rafael Correa en Ecuador y Daniel Ortega en Nicaragua desde 2007"[74].

Este proceso no ha sido ajeno al análisis y la observación internacionales, aunque ha contado hasta ahora con el silencio o solamente la disimulada crítica de los gobiernos y países democráticos del hemisferio y del mundo, que por razones de carácter político y comercial han preferido y aún prefieren tolerar a estos gobiernos ya conocidos como las dictaduras del siglo XXI.

El gobierno de Evo Morales en Bolivia bajo esas características ha traído consecuencias muy graves para el país, al extremo que luego de 30 años de que las dictaduras militares entregaron el poder a la democracia, hoy Bolivia tiene perseguidos políticos por numerables causas impulsadas por el propio Morales y por funcionarios de su gobierno, tiene pesos políticos y exiliados políticos.

Los efectos de la ausencia de democracia en Bolivia son múltiples y van mas allá de la criminalización de la política o de la judicialización de la represión que Evo Morales ha instaurado. Aunque la mayoría de los bolivianos aún no denominen con claridad el carácter dictatorial de Evo Morales y su proyecto, los efectos de esta forma de gobierno muestran su naturaleza y se expresan con claridad en ámbitos como el del respeto a los derechos humanos, en las libertades políticas, en la libertad de prensa y la libertad de expresión, en la

---

74. Hurtado, Osvaldo. Ob Cit. p.12

inexistencia del Estado de Derecho, en el sistema y los procesos electorales, en la búsqueda del monopolio de la actividad política, en el sometimiento y la utilización de la justicia, en la desbordante corrupción, en la seguridad nacional, en la lucha contra el narcotráfico y prácticamente todos ámbitos de la actividad nacional incluyendo la religión, la salud y la educación.

La forma dictatorial del gobierno de Morales no ha dejado y no dejará ningún espacio de la sociedad boliviana sin tocar y sin afectar, generando una extrema y nunca antes conocida crisis nacional, en lo económico, en lo político, en lo social y en lo moral.

Este proceso rumbo a la crisis ya ha comenzado, y aunque hoy encubierta por aparentes éxitos económicos y supuestas reivindicaciones sociales, esta llevando al país y a los bolivianos a una situación límite que pondrá en riesgo la existencia misma de la Patria.

4.1. Control absoluto del poder

¿Quién duda hoy en Bolivia que Evo Morales controla todo el poder?

Y todo el poder quiere decir los cuatro órganos del Estado que el mismo Evo Morales introdujo en su Constitución (ejecutivo, legislativo, judicial y electoral), todas la entidades públicas sean de control, fiscalización. supervisión, la actividad económica, las fuerzas armadas y la policía, las gobernaciones y los municipios proclamados como autonomías en su texto constitucional, la cultura, la prensa, la opinión pública, las comunicaciones, las inversiones, las cuestiones de religión, la producción agrícola, los sindicatos, la educación, la salud, el deporte, la coca, la simulada lucha contra el narcotráfico. Todo.

Pero fundamentalmente controla la corrupción, pues a partir del ejercicio del poder total concentrado en su persona y en su entorno, la corrupción ha superado cualquier límite, al punto que el propio dictador se ve en la necesidad de purgar de cuando en cuando a alguno de sus colaboradores que se ha hecho demasiado evidente y al que resulta muy comprometido seguir protegiendo.

Todas las decisiones están concentradas, deben ser de conocimiento y autorizadas por el "jefazo"[75], ya sea por medio de su vicepresidente o de alguno de sus operadores. Los fiscales, jueces, alcaldes, comandantes, empresarios, dirigentes o cualquier ciudadano son parte de la más diversa gama de bolivianos que se han visto forzados a subordinarse, ya sea para obtener o mantener un cargo, hacer grandes negocios o simplemente para sobrevivir.

El mensaje que el gobierno de Evo Morales ha grabado en la mente de los bolivianos es que "te puede ir muy bien en Bolivia, puedes tener mucho éxito y hacer mucho dinero,

---

75. Calificativo otorgado a Evo Morales por Martin Sivak. Jefazo. Retrato íntimo de Evo Morales

pero no te metas ni en política ni con el gobierno y cuando el gobierno te pida algo debes ser generoso". Este mensaje es el mismo atribuido a un dictador del siglo pasado en nuestro país: "a los amigos todo, a los enemigos nada, a los indiferentes con la constitución y las leyes vigentes". En todo caso la racionalidad del totalitarismo es la misma y solo han cambiado el personaje y el discurso de justificación política.

4.2. Control del órgano electoral

Fundado en la disposición transitoria primera de la nueva constitución, Morales empezó el desmantelamiento de la República de Bolivia y la construcción de un Estado con el objetivo de ejercer el poder total.

Mediante ley 4021 de 14 de abril de 2009, convocó a elecciones regulando el procedimiento, desarrollo, vigilancia y control del proceso electoral para la constitución de la Asamblea Legislativa Plurinacional, elección del Presidente, Vicepresidente y autoridades departamentales y municipales, en las elecciones del 6 de diciembre de 2009 y en las elecciones del 4 de abril de 2010; además de los referendos autonómicos, la elección de asambleístas departamentales y Consejeros Departamentales[76]. Esta ley declaraba que "en el período de transición institucional, la Corte Nacional Electoral es la encargada de administrar el proceso electoral de

---

76. . Gaceta Oficial Bolivia. Ley 4021

diciembre de 2009 y abril de 2010, así como las consultas populares convocadas. Esto debido a que la Corte Nacional Electoral debía ser reemplazada por el "Tribunal Supremo Electoral" creado por la nueva constitución.

La Corte Nacional Electoral estaba presidida por José Luis Exeni, un incondicional de Evo Morales que había sido reiteradamente acusado de favorecer al gobierno haciendo desaparecer el elemento fundamental de imparcialidad del órgano electoral. Exeni renunció —alegando motivos personales— poco después de la convocatoria a elecciones de diciembre de 2009, a siete meses de las mismas. En la carta de renuncia que envió Exeni a Morales realizaba un inventario de lo que denominó "hitos fundamentales" de la Corte Nacional Electoral, y los retos que tiene la institución hacia adelante de cara a las elecciones generales del 6 de diciembre. Entre esos denominados hitos citaba la inclusión de las delimitaciones especiales, el reconocimiento de la administración del voto de los ciudadanos bolivianos en el extranjero que sirvieron a Evo Morales para organizar y beneficiarse con el voto de los bolivianos sobre todo en Argentina.

La oposición había pedido en reiteradas ocasiones a Morales que nombre un nuevo responsable de la Corte Nacional Electoral que sea imparcial e independiente para que garantice unas elecciones limpias. Cuando se produjo la renuncia de Exeni, Óscar Ortíz, miembro del partido de Jorge Quiroga y Presidente del Senado, declaró que la renuncia de Exeni debía ser "una oportunidad" para que Morales nombre a una persona imparcial que garantice elecciones "limpias". Ortíz reclamó que el presidente de Bolivia recupere la tradición impuesta por la lucha de "cortes imparciales" que había liderado Sánchez de Lozada de 1989 a 1992 (aunque sin mencionarlo), de nombrar en la CNE a una persona de "reconocida independencia, capacidad y eficacia". Ortíz acusó que una de las "grandes debilidades" de la gestión de José Luis Exeni había sido su "parcialización con el oficialismo" y la "manipulación del padrón electoral" cuando el Gobierno procedió a la distribución gratuita de cédulas de identidad.

El ex vicepresidente de Bolivia, Víctor Hugo Cárdenas, una personalidad de extraordinaria credibilidad y respeto en el país, declaró en ese momento que "la renuncia de Exeni es una victoria democrática del pueblo boliviano porque era una especie de ministro de asuntos electorales del Presidente, no había ninguna independencia. Es la oportunidad del Gobierno de devolver la credibilidad de la CNE"[77].

Morales designó a Roxana Ibernegaray manteniendo el control en el órgano electoral, que continuó a su servicio en el "proceso electoral de transición" que se había convocado.

Evo Morales fue reelecto con el 63.91% de los votos[78] en las elecciones del 6 de diciembre de 2009, lo que le permitió el control de la "Asamblea Legislativa Plurinacional",

---

77. EL DIA. Santa Cruz Bolivia. 2 de mayo 2013.

78. Corte Nacional Electoral del Estado Plurinacional de Bolivia. Acta de cómputo nacional elecciones generalas y referendos 2009.

controlando los dos tercios del total de miembros tanto en la Cámara de Diputados como en la Cámara de Senadores. En la Cámara de diputados de 130 miembros Morales tiene 88 de su partido y en el Senado de 36 miembros tiene 26. Con esta previsible herramienta procedió a la implementación de su "Tribunal Supremo Electoral" compuesto por siete miembros de los cuales "al menos dos serán de origen indígena originario campesino" y de todos los órganos dependientes del mismo.

El mecanismo político para el control del órgano electoral por parte de Evo Morales estaba servido ya que la nueva constitución había previsto que la "Asamblea Legislativa Plurinacional, por dos tercios de votos de los miembros presentes, elegirá a seis de los miembros del Órgano Electoral Plurinacional. La Presidenta o el Presidente del Estado designará a uno de sus miembros", y que "Las Asambleas Legislativas o Consejos Departamentales seleccionarán por dos tercios de votos de sus miembros presentes, una terna por cada uno de los vocales de los Tribunales Departamentales Electorales. De estas ternas la Cámara de Diputados elegirá a los miembros de los Tribunales Departamentales Electorales, por dos tercios de votos de los miembros presentes, garantizando que al menos uno de sus miembros sea perteneciente a las naciones y pueblos indígenas originarios campesinos del Departamento"[79].

───────────────

79. Constitución del Estado Plurinacional de Bolivia. Art. 206-II-III-V

4.3. El fraude electoral

Fraude es toda acción contraria a la verdad y a la rectitud para perjudicar a la persona contra quien se comete, es cualquier acto tendente a eludir una disposición legal en perjuicio del Estado o de terceros[80]. Fraude electoral es cualquier acción u omisión de intervención deliberada en un proceso electoral con el propósito de impedir, alterar, anular o modificar los resultados para beneficio propio o de un candidato.

El fraude es la amenaza permanente de todo proceso electoral, sobretodo por el temor de que quien detenta el poder político pueda hacer uso de este para cometer fraude.

En Bolivia luego de las elecciones generales de 1989 que estuvieron marcadas por el fraude electoral en el cómputo de votos para impedir que el candidato ganador consolidara la mayoría en el Senado. El candidato del MNR, ganador de esas elecciones, que fue impedido de llegar a presidencia, llevó adelante una campaña política denominada "Cortes Imparciales" destinada a despolitizar las designaciones de los miembros de la Corte Nacional Electoral y de las cortes departamentales que hasta entonces estaban cuoteadas entre los militantes de partidos políticos con mayor cantidad de votos en las elecciones. Las Cortes Imparciales fueron una realidad y de esta manera se logró como un importante avance de la democracia que funcionarios idóneos, con

---

80. Real Academia de la Lengua Española. Edición 2001.

independencia e imparcialidad integren los órganos electorales desde las elecciones de 1993. Esta situación de imparcialidad se fue deteriorando con la llegada de Evo Morales al poder.

Luego de la aprobación de la Constitución Política del Estado Plurinacional, con el control de mas de dos tercios de votos en el Órgano Legislativo, Evo Morales copó el Tribunal Electoral en todas sus instancias. Este proceder es común a los países del socialismo del siglo XXI, pues han hecho lo mismo Chávez y Maduro en Venezuela, Correa en Ecuador y Ortega en Nicaragua. Para la consolidación del poder total, para el establecimiento de las dictaduras que han implantado bajo un disfraz de democracia, son imprescindibles las elecciones y para ganar elecciones están apoyados en el fraude electoral.

El fraude electoral en Bolivia ha sido institucionalizado por el gobierno de Evo Morales y es articulado antes, durante y después del día de la votación. El manejo de los registros públicos, el control de la identificación personal quitada a la Policía Nacional y entregada a un mecanismo oficialista articulado por "asesores cubanos" hace que el manejo de los votantes este librado al arbitrio de los operadores políticos del gobierno de Morales. La delimitación de circunscripciones, el registro y engorde o disminución de ciudadanos en lugares con mas o menos adeptos al gobierno es otro mecanismo de fraude previo, puesto en evidencia el 2013 con la manipulación del Censo Nacional.

En la campaña electoral, el candidato oficialista Evo Morales ha privado a todos los partidos políticos del financiamiento de campaña otorgado por el Estado en base a la cantidad de votos obtenidos en la anterior elección y de esta manera es solo él quien puede disponer de ilimitados recursos del Estado, de los recursos cocaleros y de la ilimitada ayuda política de Venezuela. El financiamiento de campañas políticas para candidatos de oposición se ha tornado casi imposible, porque además el gobierno reprime selectivamente a los empresarios o personas que ayuden a los opositores, por medio presiones administrativas y procesos.

El voto universal libre y secreto en Bolivia ha sido sustituido en muchos casos por el denominado "voto comunitario" que no es otra cosa que la inducción colectiva a un voto uniforme en una determinada comunidad por presión del gobierno de Evo Morales y con promesa de prebenda o amenaza de sanción mediante la supresión de inversiones para elementales servicios públicos. Esta forma de fraude electoral ya fue aplicado por los campesinos de Achacachi y cocaleros de Chapare en la consulta revocatoria del 10 de agosto de 2008 y los referendos dirimente y constituyente del 25 de enero, según constan en los informes de las misiones de observación electoral de la Organización de Estados Americanos (OEA) y la Unión Europea (UE). Los cocaleros de Chapare, los campesinos de Achacachi, los cooperativistas mineros y los indígenas del Norte de Potosí, afines al Movimiento al Socialismo (MAS), anunciaron que aplicarán el "voto comunitario" en las elecciones generales del 6 de diciembre de 2009 para evitar un respaldo de las comunidades a los candidatos opositores[81]

Otro medio de fraude electoral institucionalizado por Evo Morales es la prohibición de que candidatos no oficialistas visiten determinadas comunidades impidiéndoles hacer campaña electoral, llegando a agredirlos físicamente y a poner en riesgo incluso su vida, como ocurrió con el líder indígena Marcial Fabricano que fue flagelado por miembros cocaleros del partido de Morales en Mayo de 2009[82].

Los sistemas computarizados de registro y votación introducidos y difundidos desde Venezuela son otro elemento de fraude electoral.

El favorecimiento con decisiones e interpretaciones legales previas como la habilitación del Evo Morales por su Tribunal Constitucional para una tercera reelección para el 2014 prohibida incluso por su propia constitución, es una muestra del fraude previo a las elecciones que ya se ha empezado a cometer.

En abril de 2013, el Tribunal Constitucional Plurinacional (TCP) dictó el fallo que habilita al presidente Evo Morales y al vicepresidente Álvaro García para postularse en las elecciones de diciembre de 2014. El argumento es que, con la vigencia de la nueva Constitución, se inauguró un nuevo

---

81. Los Tiempos/La Prensa. Bolivia 20 de Julio de 2009

82. Hoybolivia.com .Masistas flagelaron a líder indígena Marcial Fabricano, 11 Mayo 2009.

Estado y que, en consecuencia, ambos gobernaron durante sólo una gestión[83]. El escándalo no es un freno al fraude, ya que en este caso, el magistrado Gualberto Cusi, miembro del Tribunal Constitucional Plurinacional (TPC) declaró el 23 de septiembre de 2013 que la reelección del presidente Evo Morales en ls elecciones del 2014, sería inconstitucional debido a que la Asamblea Legislativa usurpó las funciones de la entidad Constitucional al elaborar y aprobar la Ley de Aplicación Normativa. Cusi cuestionó que sus colegas del TCP hayan aprobado en abril la repostulación del presidente Evo Morales y del vicepresidente Álvaro García, para los comicios presidenciales próximos, aludiendo que se trataría de una tercera reelección que va contra la Constitución Política del Estado (CPE). Recordó que justamente cuando se trató la norma él se encontraba con baja médica por su estado de salud[84].

Hay fraude el día de la elección, como el denunciado durante el referendum constitucional por la fácil manera de despintar la tinta indeleble que debió evitar que un ciudadano vote mas de una vez. El fraude en la votación se produce también por la "accidental" eliminación o cambio de lugar de votación de ciudadanos en recintos que se conocen contrarios al gobierno, de manera que el ciudadano queda sin votar aunque le otorguen un certificado para "no perjudicarlo".

---

83. La Razón. Bolivia. 29 de Abril de 2013.

84. El Diario. La Paz Bolivia. 24 de Septiembre de 2013.

Todo lo que se puede usar se usa para favorecer en vía de fraude electoral al candidato oficialista que con semejante garantía, ya ha conminado a su aparato electoral que en las elecciones de 2014 debe obtener el 74% de votos, esto es 10% mas de los obtenidos en la elección de 2009. "La meta para mi es ganar con 74%, cada elección debemos aumentar diez por ciento y está en nuestras manos, dijo Morales al inaugurar la asamblea de su partido el Movimiento al Socialismo (MAS) en la ciudad de Cochabamba"[85]

El fraude electoral en Bolivia es tan inherente al poder del dictador Morales, que éste ni siquiera se cuida de guardar las formas. Lo que si le interesa es que beneficiado por el sistema de fraude electoral que ha institucionalizado, pueda seguir presentándose como un presidente democrático porque "gana elecciones".

4.3. Control del legislativo

Aprobada su constitución, y ratificado su control en el órgano electoral, Morales puso en marcha el proceso electoral para reelegirse en el marco de nuevo instrumento y para ello reemplazó el Congreso de la República de Bolivia por la Asamblea Legislativa Plurinacional, en la que como hemos mencionado tiene desde las elecciones de 2009 más de los dos tercios de votos en ambas cámaras.

85. El Deber. Bolivia, 6 de Octubre de 2013.

Llama la atención la exactitud con la que Morales consiguió esa supermayoría, ya que tener 88 de los 130 miembros de la Cámara de Diputados y 26 de los 36 miembros del Senado es lo suficiente para hacer en los hechos lo que quiera. Y eso es exactamente lo que hace, simulando democracia y teniendo "oposición parlamentaria" a la que según le conviene tiene dividida, amedrentada, cooperando o criticando en el marco de "un aceptable respeto al presidente".

Para un adecuado control y sometimiento de los "asambleístas" senadores y diputados, propios y opositores, el nuevo orden constitucional de Evo Morales los ha desprovisto de la inmunidad parlamentaria, estableciendo que "Las asambleístas y los asambleístas no gozarán de inmunidad. Durante su mandato, en los procesos penales, no se les aplicará la medida cautelar de la detención preventiva, salvo delito flagrante"[86] . Esta redacción constitucional además de privarlos de inmunidad hace expresa mención a la procedencia de procesos penales, lo que muestra los alcances de amenaza bajo la que deben actual los legisladores, que de esta manera resultan privados de hasta de disentir.

Así configurado el órgano legislativo con la Asamblea Legislativa Plurinacional, esta visto que resulta solo un instrumento eficiente para legitimar de los actos del gobierno, del que no pude disimular su dependencia.

---

86. Constitución Política del Estado Plurinacional de Bolivia (CPEPB). Art. 152

Para evitar que el órgano legislativo produzca líderes como sucede en las democracias del mundo, la ley fundamental del Estado Plurinacional ha establecido que "El tiempo del mandato de las y los asambleístas es de cinco años pudiendo ser reelectas y reelectos por una sola vez de manera continua"[87]. Es claro que el dictador no quiere nuevos liderazgos, para lo que es importante desarmar periódicamente la composición del legislativo evitando la permanencia de un legislador por mas de dos periodos continuos.

La nueva constitución ha hecho de los asambleístas trabajadores asalariados que pueden perder su empleo por faltar a sus trabajo mas de seis días continuos u once discontinuos en un año, cuando establece que "el mandato de asambleísta se pierde por fallecimiento, renuncia, revocatoria de mandato, sentencia condenatoria ejecutoriada en causas penales o abandono injustificado de sus funciones por más de seis días de trabajo continuos y once discontinuos en el año, calificados de acuerdo con el Reglamento"[88].

Así las cosas en la Asamblea Legislativa Plurinacional, no se puede afirmar que sea un órgano independiente y menos que —en las condiciones establecidas— pueda realizar tareas de legislación y fiscalización efectivas al margen de los dictados o deseos de Evo Morales.

---

87. CPEPB. Art. 156
88. CPEPB. Art. 157

4.4. Control del Poder Judicial

El sistema de justicia es el encargado de hacer efectivas las garantías y los derechos de los ciudadanos frente al poder y dirimir de acuerdo a ley los conflictos que surjan entre los ciudadanos. La independencia del poder judicial es uno de los pilares fundamentales del Estado de Derecho. No solo es importante el poder judicial para el correcto funcionamiento de la democracia, sino que es esencial para la paz social, la estabilidad política, el crecimiento económico y el desarrollo sostenible[89].

El Poder Judicial sólo debe estar sometido a la Constitución y a la ley, lo que significa que desde el punto de vista de la separación de poderes y en lo que concierne a lo judicial, se debe garantizar que el Poder Judicial no sea subordinado a ninguno de los otros, sea la Asamblea Legislativa o el Ejecutivo. Es un principio fundamental de la independencia judicial la no sumisión del juez a disposiciones imperativas distintas a la ley o contraria a ellas, sea cual fuera el órgano o autoridad de donde provengan.

A lo largo de su gobierno, Evo Morales ha logrado el control para la utilización política del sistema de justicia de acuerdo a sus intereses. Comenzó destrozando el sistema de justicia de la República, acusando a jueces, forzándolos a renuncias, enjuiciándolos hasta llegar finalmente a cambiar el

____

89. Interamerican Bar Association, Indicadores de Independencia del Poder Judicial.

nombre de la Corte Suprema de Justicia de la Nación por el de Tribunal Supremo de Justicia en el nuevo texto constitucional, solo con el propósito de declarar vacantes y cesantes a todos los jueces y magistrados que constitucionalmente se encontraban en funciones.

Todos los textos constitucionales garantizan la independencia del poder judicial. La Constitución del Estado Plurinacional declara que "la potestad de impartir justicia emana del pueblo boliviano y se sustenta en los principios de independencia, imparcialidad, seguridad jurídica, publicidad, probidad, celeridad, gratuidad, pluralismo jurídico, interculturalidad, equidad, servicio a la sociedad, participación ciudadana, armonía social y respeto a los derechos[90].

Pero a continuación se liquidan estos principios cuando establecen la elección de los magistrados del Tribunal Supremo de Justicia mediante sufragio universal, determinando que "la Asamblea Legislativa Plurinacional efectuará por dos tercios de sus miembros presentes la preselección de las postulantes y los postulantes por cada departamento y remitirá al órgano electoral la nómina de los precalificados para que este proceda a la organización única y exclusiva del proceso electoral". Agregando que "los postulantes o persona alguna no podrán realizar campaña electoral a favor de sus candidaturas, bajo sanción de inhabilitación"[91]

----

90. CPEPB. Art. 178

91. CPEPB Art. 182 I.II.III.

El mismo procedimiento de selección y votación se estableció para los miembros del Tribunal Constitucional Plurinacional, del Consejo de la Magistratura, del Tribunal Agroambiental. Nótese una vez mas el cambio de nombres de los tribunales para cesarlos con la aprobación de la constitución del Estado Plurinacional con el pretexto de inexistencia del organismo. Se reemplazó la Corte Suprema de Justicia por Tribunal Supremo de Justicia, el Consejo de la Judicatura por Consejo de la Magistratura, el Tribunal Constitucional por Tribunal Constitucional Plurinacional, y el Tribunal Agrario por Tribunal Agroambiental. De esta manera los magistrados quedaron sin órgano, sin institución y en consencuencia cesantes para que Morales pueda proceder con el engañoso mecanismo de elección.

Estableciendo la elección de los magistrados por sufragio universal y con un procedimiento de ese tipo no hay independencia, imparcialidad, ni seguridad jurídica posibles. La realidad lo demostró así, ya que controlando los dos tercios del total de los miembros de ambas cámaras de la Asamblea Legislativa Plurinacional, Evo Morales hizo la lista de candidatos a magistrados a su conveniencia, según sus dictados y luego impuso la votación sin campaña.

El 16 de octubre de 2011 se votó para elegir a 56 magistrados de los máximos tribunales judiciales y los resultados finales de estas elecciones denominadas judiciales, mostraron que en la elección nacional el voto nulo se impuso en el Tribunal Agroambiental, Tribunal Constitucional y Consejo de la Magistratura, más no así en el Tribunal Supremo de Justicia. A comparación de las otras instancias judiciales, la elección de los magistrados y las magistradas para el Tribunal Supremo de Justicia fue por circunscripción departamental, donde se pudo evidenciar que en cuatro de los nueve departamentos del país, Santa Cruz, Beni, Pando y Tarija el voto nulo venció al voto válido. El ausentismo fue del 20,3%.[92].

Con tribunales así constituidos se afianzó el control de la justicia por parte del ejecutivo y el resultado que puede apreciar hoy el país y la comunidad internacional es que en Bolivia se ha judicializado la represión, se ha criminalizado la política y la represión del gobierno se realiza por medio del sistema de justicia. El propio Evo Morales en persona acusa o manda acusar con sus funcionarios o fiscales y los jueces dictan medidas, resoluciones y sentencias en función de lo previamente determinado por el dictador.

4.4.1. Algunos casos de persecución judicializada

Ejemplos de esta tenebrosa situación son los casos de persecución política usando el sistema de justicia en Bolivia que con carácter enuncaitivo y no limitativo, se citan a continuación:

- El denominado juicio de responsabilidades contra el ex presidente Sánchez de Lozada, su gabinete

---

92. Bolivia. Tribunal Supremo Electoral. Resultados elecciones judiciales 2011

de ministros y el Alto Mando Militar para perseguir con sucesivas solicitudes de extradición al exmandatario y sus ministros y para tener hoy como presos políticos a los generales Roberto Claros Flores, Gonzalo Rocabado Mercado, Juan Véliz Herrera, José Osvaldo Quiroga Mendoza y Luis Alberto Aranda Granados;

- La masacre del Porvenir en Pando para anular al Gobernador de ese Departamento Leopoldo Fernández y tenerlo hasta hoy como preso político en el departamento de La Paz;

- El denominado caso terrorismo abierto en Santa Cruz luego de la matanza ordenada por Evo Morales en el Hotel las Américas, para perseguir, apresar y extorsionar a toda la dirigencia cívica, empresarial y juvenil de Santa Cruz, obligando al exilio a personalidades como Branco Maricovic, y otros, con decenas de líderes regionales presos;

- El juicio de persecución contra el Juez Tapia Pachi por emitir una resolución imparciales en el caso Terrorismo que ha llevado a este Juez al exilio;

- El procesamiento y destitución del Contralor General de la República Osvaldo Gutiérrez, hoy exiliado, para nombrar en su lugar a un miembro del partido oficialista;

- Los procesos de persecución contra el empresario Humberto Roca y su familia con la quiebra de Aerosur y extorsión incluso fuera del país[93];

- El caso del Territorio Indígena Parque Isiboro Securé (Tipnis) para construir la denominada carretera de la cocaína[94];

- Los más de setenta procesos contra el expresidente del Servicio Nacional de Caminos José María Bakovic[95];

- El enjuiciamiento y detención del ex Presidente del Banco Central Juan Antonio Morales, aún preso político en La Paz y reconocido internacionalmente por su honestidad e idoneidad;

- La persecución judicial contra el Gobernador de Cochabamba y candidato presidencial Manfred Reyes Villa hoy en el exilio en Estados Unidos;

- Los casos abiertos contra el Gobernador de Tarija Mario Cosio, acusado de corrupción, hoy exilado en Paraguay;

- Los procesos contra el Gobernador del Beni Ernesto Suárez Sattori, hoy con libertad provisional e inhabilitado para ser candidato;

---

93. El Nuevo Herald. Arrestan por extorsión en Miami a Jefe Anticorrupción de Bolivia. Jay Weaver. 6 de Septiembre de 2013.

94. Revista Veja. Brasil

95. Fallecido como perseguido político cuando se editaba este trabajo. Ver anexo 8.

- El enjuiciamiento de la experfecta Sabina Cuéllar y de su hijo, por supuesta falsedad material que incluyó el allanamiento de su domicilio;

- La destitución judicial del alcalde de Sucre, Jaime Barrón, acusado de instigar acciones racistas.

- El enjuiciamiento y destitución del alcalde de Potosí René Joaquino, acusado por el gobierno de daño económico;

- La persecución judicial contra la Ministro de la Corte Suprema de Justicia Rosario Canedo;

- Los juicios de persecución, contra el ex Ministro y Senador Guillermo Fortún muerto como preso político en la cárcel de La Paz;

- Las acusaciones contra el Gral. Alvin Anaya, hoy con detención domiciliaria en La Paz;

- El enjuiciamiento del exgobernador de La Paz José Luis Paredes, hoy exiliado en España, al que Evo Morales acusó de "delincuente".

- La acusación y detención del dirigente cívico Felipe Moza de Villamontes, Departamento de Tarija;

- Encarcelamiento y persecución del empresario Jacobo Ostreicher ciudadano estadounidense, extorsionado y detenido por el gobierno , quien se ha declarado "soy rehén de una justicia controlada" y cuyo caso ha sido presentado al Congreso de los Estados Unidos por el actor Sean Pen, otrora amigo y apologista de los dictadores Castro, Chávez y Morales[96];

- Acusación y persecución judicial contra los personeros de la empresa Jindal (de la India), por la explotación mineral de hierro del Mutún, incluyendo ejecutivos y el abogado que han abandonado el país. Las acusaciones penales tendrían propósito de ocultar actos de corrupción e incumplimiento del gobierno de Morales.

- El juicio de responsabilidades abierto contra el ex Presidente Eduardo Rodríguez Veltzé por los denominados misiles chinos, para luego negociarlo con vergüenza pública para Rodríguez Veltzé a cambio de que este expresidente asuma el papel de embajador de Evo Morales para el tema marítimo;

- Los procesos seguidos contra los ministros y el Alto Mando del expresidente Rodríguez Veltzé por los mismos misiles chinos buscando neutralizar al general y hoy Senador Marcelo Antezana, luego de liberar al principal acusado y Capitán General de las fuerzas Armadas en esa gestión, que es el ex presidente Rodríguez Veltze;

- Acusaciones y apertura de procesos contra asambleístas de oposición, convocatoria a declaraciones e imputaciones penales como las

---

96. El Deber. Santa Cruz. Noviembre 11. 2012. Guider Arancibia.

realizadas contra Norma Pierola, Adrian Oliva, Yesica Echeverría, Alex Orozco, Luis Felipe Dorado y otros ;

- Procesos y la intervención del Decano de la prensa Nacional "El Diario" para neutralizar su línea de defensa de los derechos fundamentales, hoy intervenido desde el gobierno;

- La acusación y detención del periodista Jorge Melgar Quette en Riberalta, Departamento del Beni, por haber realizado y publicado la filmación en la que el ministro de Evo Morales, Ramón Quintana, promete la muerte del gobernador de Pando;

- El enjuiciamiento del Senador Roger Pinto para evitar que continúe investigaciones sobre el narcotráfico y el gobierno. Estuvo más de un año en la embajada del Brasil en La Paz, y ahora exiliado en el Brasil;

- El procesamiento y acusación de los abogados defensores de muchas de estas causas para dejar a los perseguidos sin defensa.

4.4.2. Características del procedimiento de persecución

En los casos citados en el punto anterior, y en tantos otros que existen en Bolivia, algunas de las características del mecanismo criminal con que procede el gobierno son:

- La acusación pública y directa de Evo Morales o de alguno de sus cercanos colaboradores a su nombre, por delitos impresionantes y descalificantes que básicamente han sido concentrados en genocidio, asesinatos, terrorismo, corrupción y atentados contra el Estado.

- La acusación siempre está encubriendo los delitos cometidos por el denunciante, por el propio Evo Morales y miembros de su entorno; tiene la intencionalidad política de neutralizar o inhabilitar al acusado y avanzar con la liquidación institucional.

- La acusación desata una intensa campaña de propaganda y comunicación para lograr el descrédito y la liquidación de la imagen del acusado, de manera que antes incluso de iniciarse el proceso, la opinión pública lo considere culpable, practicando la técnica estalinista y castrista del "asesinato de la reputación"[97].

- Los fiscales proceden con toda la cobertura de la prensa oficial y con fuertes presiones al resto de la prensa, de manera que los acusados tengan poca o ninguna posibilidad de ser escuchados en el debate público que precede y acompaña al proceso.

---

97. Anexo 7 "Asesinato de la reputación por el socialismo del siglo XXI

- Arbitrariamente trasladan la competencia territorial para llevar el proceso a jueces mejor controlados, generalmente en la sede de gobierno La Paz y poder mandar detenidas a las víctimas al penal de alta seguridad de Chonchocoro.

- Los jueces del régimen imponen medidas cautelares de inmediato, en general la detención de los acusados, la inmovilización de sus bienes e incluso los de sus familiares, con el propósito de limitar cualquier recurso que pudiera sostener su defensa.

- Falsifican los datos del proceso y suplantan los mecanismos de prueba, llegando a extremos como el del denominado juicio de responsabilidades por los hechos de octubre de 2003 en los que los autores de los hechos delictivos concurren como acusadores y testigos.

- Dilatan los procesos para mantener a los acusados bajo las medidas cautelares. Los jueces del régimen dictan sentencias sometiendo a la condición de presos políticos a sus víctimas que no tienen ninguna posibilidad de defensa

- En el curso de los procesos, sus funcionarios, fiscales y jueces exaccionan y piden cuantiosos sobornos a ciudadanos a los que amenazan con incluir en las investigaciones, extorsionando además a los ya acusados para rebajarles la acusación o excluirlos de la causa.

- Aplican con carácter retroactivo leyes y disposiciones legales expresamente dictadas para la persecución y para realizar las acusaciones[98]

- Realizan amenazas y abren procesos contra los abogados defensores que son enjuiciados y amedrentados para dejar en total estado de indefensión a sus clientes.

- Amplían los procesos y las acusaciones contra familiares, incluso menores de edad con el fin de extorsionar al acusado que eventualmente salió al exilio[99].

- Paralizan temporalmente los procesos, a veces sin detener a los acusados, como mecanismo de presión y amedrentamiento.

- Hacen desaparecer los registros públicos, incurren en destrucción de documentos, compra de testigos y eliminación de hemerotecas digitales de medios de prensa que pueden constituir prueba contra las acusaciones del gobierno, como el informe de Google que reportó la solicitud del gobierno de Morales para eliminar contenidos de Internet[100].

---

98. Ley 004 de 31 de marzo de 2010, denominada ley Marcelo Quiroga Santa Cruz.

99. El hijo menor y la madre del empresario Humberto Roca son un caso denunciado.

100. *El Deber*. Google reporta que el gobierno boliviano le solicitó eliminar contenidos de Internet. ANF. Junio 19, 2012

- Retiran a los acusados y a sus familiares los documentos de identidad y de viaje, privándolos en los hechos del ejercicio de su ciudadanía.

- Otorgan promociones y asensos a los fiscales y jueces que operan bajo la dirección del gobierno y les dan encubrimiento total cuando son denunciados y evidenciadas sus actitudes criminales y fuera de la ley.

- Implementan un gran cerco de funcionarios, fiscales, jueces y ministros para que no se vea la mano de Evo Morales y las acusaciones no le lleguen cuando se evidencian los abusos e irregularidades en estas causas, al extremo de que Evo Morales termina acusando —pero solo por prensa a los miembros del poder judicial par lavarse la manos.

La simple enumeración que antecede, es sin duda incompleta e insuficiente, ya que ni un estudio concentrado en los procesos de persecución judicializada por parte de Evo Morales y de su gobierno, alcanzaría a cubrir la totalidad. Un libro por cada caso sería insuficiente y correría el riesgo de parecer ficción por las situaciones de extremo abuso a las que se somete a los acusados.

Las víctimas, en muchos casos enfermos, presos, exiliados y empobrecidos, no desean que sus procesos se mencionen por temor a mayores represalias contra amigos y familiares, por miedo a que les amplíen las falsas acusaciones o abran nuevas causas, o porque algún "contacto" con el gobierno se encarga de mantener el canal abierto para una posible negociación que nunca llega a concretarse y que sirve a los extorsionadores para obtener más dinero.

Sin duda la frase "el miedo es mas eficiente que la represión" pronunciada por Cayetano Llobet[101] al describir el control ciudadano logrado por Evo Morales y su gobierno en base a los procesos de acusación judicial, pinta de cuerpo entero este nivel de "eficiencia" de la dictadura instaurada para Morales por la Cuba castrista con el dinero venezolano en Bolivia.

La gente con "dos dedos de frente"[102] ha entendido que no se debe molestar al gobierno, no hay que meterse en política, no hay que ayudar de ninguna manera a los opositores del gobierno, no hay que hacer política, hay que estar cerca de los gobernantes y hay que darles señales permanentes de apoyo o por lo menos de simpatía a su proyecto. Es esta lógica, e importantes ganancias económicas, lo que explica como las rodillas de gran parte de la burguesía y la clase empresarial bolivana están dobladas frente al caudillo cocalero y su aparato. No deja de ser vergonzoso, pero no se puede negar que parece muy razonable.

---

101. Diario de las Américas. Miami 7 de julio de 2011. Cayetano Llobet. Ciclo Temas. Interamerican Institute for Democracy.

102. Expresión usada en algunos países de América Latina para referirse a una persona con un mínimo de inteligencia o a una persona con un mínimo de prudencia.

Lo descrito es incluso mas grave que el concepto "indefensión", o sea que el desamparo, la carencia de protección, la situación de la parte a quien se niega en forma total o se regatean los medios de defensa[103], que sucede cuando el propio órgano judicial limita o despoja de los medios de defensa al acusado.

Son acusaciones falsas que encubren los delitos de los denunciantes y/o que han sido fraguadas para eliminar a ciudadanos inocentes a los que se les violan los derechos humanos como el debido proceso, la presunción de inocencia, la imparcialidad de los jueces, la irretroactividad de la ley, la vida, la libertad e incluso la imagen.

4.5. La corrupción

Un ambiente como el descrito en el punto anterior es el mejor caldo de cultivo para una extendida e incontrolable corrupción en el sistema de justicia, ya que si los jueces han de ser corruptos en los grandes casos al servicio del poder político, los demás procesos están libres para su actuación ilegal. Esta situación ha hecho desaparecer cualquier posibilidad de justicia dando lugar a la aparición de redes vinculadas al gobierno que intervienen en acción de corruptela en cualquier tipo de causas.

---

103. Cabanellas, Guillermo. Diccionario de Derecho usual. 12 Edición. Heliasta. Argentina

Sin embargo la corrupción judicial es solo una consecuencia y una parte de la corrupción en la que Evo Morales ha sumido al país y que tiene su origen en el propio líder cocalero, jefe del MAS y presidente del Estado Plurinacional.

Desde su actividad como dirigente cocalero la característica de la actuación de Morales fue la del desconocimiento de la ley, el uso de la violencia y el ejercicio de la corrupción. La organización del MAS como instrumento político de los cultivadores de la coca ilegal del Trópico de Cochabamba fue otro acto de corrupción, pues no pudiendo los cocaleros reunir la cantidad de firmas necesaria para la organización de un partido político de acuerdo a los requerimientos de la Ley Electoral, optaron por comprar el MAS que era un desgajamiento de la Falange Socialista Boliviana (FSB) a un grupo de dirigentes que eran los dueños de la sigla.

Al amparo del humor, el libro "Evadas"[104] ha plasmado lo que son sin duda expresiones, declaraciones y confesiones de la violación de derechos humanos y del Estado de Derecho, verdaderos actos manifiestos de corrupción de Evo Morales:

- "Con la constituyente, de un sopapo vamos a cambiar las leyes neoliberales"[105]
- "Estar sometidos a las leyes es perjudicarnos, aunque digan que es inconstitucional nuestros

---

104. Rodríguez Peña, Alfredo. Evadas el libro sin fin. 3ra edición 2012.
105. Ob cit. Discurso en San Julián, 20 de junio 2006

decretos, nuestros hechos no importa...Creo que no hay que esperar las leyes, hay que seguir trabajando con decisiones políticas"[106]

- "La derecha el año 2008 rogaba que no haya elección, que el presidente cumpla los cinco años. Ahí estaba totalmente inahabilitado. Intentaron hacer trampa y nosotros les hicimos otra trampa mas interesante todavía"[107]

- "La Sociedad Interamericana de Prensa dice que Evo respete a los periodistas, pero yo quiero decir a la Sociedad Interamericana de Prensa que como organización eduque a algunos periodistas para que me respeten"[108]

- "Bolivia apoyará a todos los estados que luchan contra el imperialismo de Estados Unidos y, con la cooperación de países revolucionarios el imperialismo de Estados Unidos pronto será destruido"[109]

- "Por encima de lo jurídico, es lo político. Quiero que sepan que cuando algún jurista me dice: Evo, te estas equivocando jurídicamente, eso que estas haciendo es ilegal, buen yo le meto por mas que

---

106. Ob cit. Discurso en Entre Ríos, 11 de agosto de 2007

107. Ob cit. Conferencia de prensa La Paz 28 de septiembre de 2010

108. Ob Cit. Declaraciones en Potosí 10 de noviembre de 2009

109. Ob cit. Durante la visita de Evo Morales a Irán. Teherán, 27 de octubre de 2010

sea ilegal. Después les digo a los abogados: si es ilegal,legalicen ustedes. Para que han estudiado?[110]

- "La acusación de autoritario, a mi me alienta bastante"[111]

- "Cuando voy a los pueblos quedan todas las mujeres embarazadas y en sus barrigas dice: Evo Cumple!"[112]

- "No estamos de paso por el Palacio, no estamos visitando el Palacio, hemos llegado al Palacio para toda la vida...hemos recuperado lo que nos correspondía y será para toda la vida"[113]

Estas declaraciones públicamente difundidas y que realizadas en otro contexto podrían resultar hasta divertidas, son otro elemento importante para constatar la verdadera naturaleza del régimen que hoy gobierna Bolivia, el de una dictadura, que maneja el país a su arbitrio y para siempre.

En el exterior existen pruebas de la extrema corrupción de Evo Morales y de su gobierno. Son oficiales de su confianza que están presos en cárceles federales por orden la

---

110. Ob cit. Anuncio de obras gasoducto. 20 de Julio de 2008

111. Ob Cit. Respuesta de Evo Morales al Director Nacional de Inteligencia de los Estados Unidos James Clapper que lo calificó de "populista autoritario". Santa Cruz, 2 de febrero de 2012

112. Ob Cit. Sacaba, 27 de marzo de 2010

113. Ob Cit. Discurso en el VII Congreso Ordinario del MAS-IPSP. Oruro 10 de enero de 2010.

justicia de los Estados Unidos. Su Jefe de la Lucha contra el Narcotráfico está condenado a 14 años de prisión por tráfico de cocaína luego de haber sido detenido en Panamá por la DEA[114]. Y su Jefe de La lucha Anticorrupción, está preso sin derecho a fianza y espera juicio con una probable sentencia de hasta 25 años de cárcel, luego de haber sido detenido por el FBI extorsionando al empresario boliviano Humberto Roca Leigue perseguido por Evo Morales y su gobierno.[115]

4.6. La seguridad nacional

La seguridad de Nación, ha sido reemplazada en tiempos de Evo Morales por la seguridad del régimen, por la seguridad del dictador y de su proyecto en el marco regional denominado Alba o socialismo del siglo XXI.

Para esto, desde antes incluso del exitoso golpe de estado del 17 de octubre de 2003, el líder cocalero contaba con el apoyo de los servicios de inteligencia de la Cuba castrista, que operaban desde su embajada en La Paz. Ya en el gobierno la presencia de la inteligencia cubana y de los militares venezolanos ha sido en Bolivia abierta y descarnada, al punto

---

114. El Comercio, Lima Agencia Reuters. Ex Zar Anti drogas de Evo Morales condenado a 14 años de cárcel en Miami. 23 de Septiembre 2011.

115. Miami Herald. Arrestan por corrupción en Miami a jefe de anticorrupción en Bolivia. 6 de septiembre 2013.

que la seguridad, los entrenadores, los pilotos y los asesores presidenciales han sido de esa procedencia.

Evo Morales ha desarrollado un sistemático desmantelamiento de la institucionalidad de las Fuerzas Armadas a partir de los mandos militares. Desde que Bolivia retornó a la democracia en 1982 los gobiernos habían respetado la antigüedad, la jerarquía y el mérito en el asenso de los jefes militares y policiales, tomando la decisión política de designar los comandantes básicamente entre los tres mejores oficiales o generales de cada Fuerza. Esta buena práctica es cosa del pasado y ha sido sustituida por la decisión política del presidente que en todo caso es el favor o la conveniencia para cumplir el proyecto de desmantelamiento.

La prensa reflejaba desde los primeros días de gobierno de Morales el ataque a la institucionalidad de las Fuerzas Armadas: "Ya se acabó la luna de miel y ahora tenemos que ponernos a trabajar", les dijo Evo Morales a sus ministros, pero 24 horas después desató su primer escandalete al pasar a la reserva pasiva a 28 militares acusados de haber entregado los misiles chinos a Estados Unidos.... Capitán General de las Fuerzas Armadas por imperativo constitucional, Morales designó al general de brigada Wilfredo Vargas como comandante en jefe de la institución y al general a Isaac Pimentel como Comandante General de la Policía.

El nombramiento fue cuestionado por "incorrecto e injusto" por el general de Ejército Marco Antonio Vázquez, a quien correspondía por sucesión directa el mando si no hubiese sido observado"[116]

Las Fuerzas Armadas han sido sacadas de su contexto institucional, se ha puesto en marcha el cambio de la doctrina desde los institutos militares. Los comandantes están forzados a hacer política y someterse a la política del gobierno, interviniendo en opiniones de apoyo el régimen.

Desde el gobierno y con el sometimiento de los mandos militares se ha puesto en marcha la denominada "reforma total de las Fuerzas Armadas" que se llevará a cabo hasta el año 2025. La politización ha llevado al Comandante en Jefe de las Fuerzas Armadas, Edwin De la Fuente, a declarar en el aniversario de la Institución el 7 de agosto de 2013 que la entidad castrense de Bolivia ingresó a un proceso de reforma y que a futuro las Fuerzas Armadas serán descolonizadas doctrinalmente y se convertirán en antiimperialistas. "La visión estratégica de la reforma busca constituir unas Fuerzas Armadas descolonizadas doctrinariamente, antiimperialistas, con un alto grado de efectividad operativa"[117] . Complacido, Evo Morales celebró la declaración de la primera autoridad de las FFAA porque "reafirmaron su vocación socialista y antiimperialista en defensa de la patria" y explicó que las FFAA tienen un carácter nacionalista porque, junto a los movimientos sociales, "son los únicos" que pueden garanti-

---

116. Caracol. 25 de enero de 2006

117. El Diario. La Paz. 8 de Agosto de 2013

zar que los recursos naturales no vuelvan a ser privatizados; socialistas, porque trabajan entregando bonos y rentas, además que proyectan aportar al desarrollo nacional con tecnología; y antiimperialistas, porque están "al lado del pueblo".

Así, la dictadura de Morales ha puesto a su servicio las Fuerzas Armadas adoctrinándolas y forzando a sus mandos a declararlas como socialistas y antiimperialistas. En todo caso ya no son las Fuerzas Armadas de la Nación al servicio de la Patria, Institución fundamental y defensora y garante de la Constitución. Sólo son la Fuerzas Armadas al servicio de régimen totalitario.

El gobierno ha humillado a las Fuerzas Armadas de la Nación y con ellas al pueblo de Bolivia rindiendo homenajes múltiples, haciendo monumentos y poniendo retratos en oficinas públicas —incluido el despacho presidencial— del guerrillero Ernesto Che Guevara, fusilado en Bolivia como resultado de su incursión guerrillera armada. Mientras Evo Morales y su gobierno rinden homenaje a los invasores, los bolivianos ex combatientes de las guerrillas están proscritos, olvidados y humillados. Nunca el gobierno de Morales ha hecho un homenaje a los defensores de la Patria muertos o heridos en las guerrillas bajo fuego de los invasores externos de los cuales se defendió Bolivia en ese pasaje de la historia. En todo caso esta situación no es de extrañar cuando Morales ha convertido a Bolivia en un Estado de la órbita castrista en su versión actualizada del socialismo del siglo XXI.

Como si lo anotado fuera poco para mostrar que el proyecto del socialismo del siglo XXI o Alba conformado por Cuba, Venezuela, Ecuador, Bolivia y Nicaragua, es un proyecto absolutamente dictatorial y antidemocrático, Evo Morales ha participado y admitido en Bolivia la creación de la "ESCUELA DE DEFENSA Y SEGURIDAD DEL ALBA", una institución creada por decisión de los dictadores del siglo XXI reunidos en la denominada "Cumbre del Alba de Cochabamba" el 17 de octubre de 2009.

Castro, Chávez, Correa, Morales y Ortega decidieron crear esta escuela —bajo la fachada de una academia de defensa— "como respuesta a la influencia militar extranjera y para desarrollar una doctrina propia". Establecieron como objetivo "fortalecer el proceso de integración de los países del Alba mediante la *formación de personal civil y militar con orientación anticolonialista, antiimperialista y anticapitalista*". En un acta firmada en Santa Cruz (Bolivia) ajustaron los objetivos declarando que son: "desarrollar sistemas de defensa y estrategias integrales frente a amenazas comunes" y "proveer el desarrollo de las fuerzas armadas para contar con capacidad disuasiva real frente a las amenazas externas". Enunciaron también que será "una escuela de altos estudios militares para oficiales de ocho países: Cuba, Venezuela, Nicaragua, Ecuador, Honduras (la del proyecto fracasado de Zelaya), Antigua y Barbuda, Dominica, San Vicente y las Granadinas".

Para este fin construyeron instalaciones en la localidad de Santa Rosita de Paquió de la Provincia Warnes a 22 kilómetros de la ciudad de Santa Cruz, en una zona considerada geopolíticamente estratégica tanto por su ubicación geográfica como por el control poblacional que se ejerce desde ella. A la inauguración de las obras terminadas el 31 de mayo de 2011 asistió el Ministro de Defensa de Irán Ahmad Vahidi (con orden de captura internacional por su participación en los actos terroristas contra la Mutual Judía de la AMIA en Buenos Aires en 1994) quien fue personalmente recibido y atendido por Evo Morales (están fotografiados juntos en el acto oficial). Esto generó el rápido viaje del iraní, sin que Morales ni su gobierno presten atención alguna a la captura internacional. La explicación no oficial de la injerencia iraní fue la de algún aporte económico para la construcción, como si el bolsillo profundo de Chávez en ese momento hubiera necesitado tal apoyo.

El 25 de julio de 2013, en el marco del denominado "I Seminario Internacional de Seguridad y Defensa" presidido por Evo Morales en Santa Cruz, los altos mandos militares de Bolivia, Nicaragua, Cuba, Ecuador y Venezuela, como miembros del Alba, suscribieron el "acta para impulsar la escuela de formación ideológico-militar", con la "finalidad de establecer y viabilizar el presupuesto de funcionamiento de la escuela, establecer una estructura organizativa, necesidad de personal, de asesores, docente y cursantes". Se designó comandante de esta escuela al Cnl. Hernán Fuentes. Evo Morales expresó por sí y a nombre de los presidentes del Alba, que "tenemos la obligación de cambiar la doctrina de nues-

tras fuerzas armadas, queremos unas fuerzas armadas forma-
das ideológicamente, políticamente, programáticamente..".

Todo esto —incluso bajo las leyes de las dictaduras del
Alba— son cuanto menos delitos de "traición a la patria"
y "sometimiento a poder extranjero". Bajo las leyes de estas
dictaduras es una necesidad para apoderarse del uso legítimo de la fuerza y organizar sus propios grupos armados
desinstitucionalizando por completo las fuerzas Armadas
de la Nación.

En cuanto a la Policía Boliviana, el nivel de politización
no puede ser mayor y va de la mano de la corrupción y liquidación institucional. No tardará Evo Morales en sustituirla
por una policía nacional política y fraccionar las competencias de la entidad, como ha hecho ya con el sistema de identificación nacional, licencias, inteligencia y otras.

4.7. Presencia de la intervención extranjera

Desde la llegada de Evo Morales al poder la presencia de
agentes cubanos y venezolanos en diferentes ámbitos ha sido
manifiesta y extensa. Comenzaron con los temas de seguridad, militares, policíales y de inteligencia, al extremo que
como tenemos descrito controlan hoy los servicios de identificación personal de los ciudadanos bolivianos, con lo que
tienen en la mano la posibilidad de reidentificar o identifi-
car falsamente a cualquier elemento extranjero incluyendo

miembros de redes criminales y terroristas que circulan con el mundo con documentación como si fueran ciudadanos bolivianos.

La presencia de médicos cubanos, por los que además Bolivia paga a Cuba, ha proliferado, desplazando a médicos bolivianos que han llegado a acciones de protesta siendo reprimidos por el gobierno. La calidad del trabajo de los médicos cubanos ha quedado en cuestión por su baja calificación profesional. Las universidades autónomas bolivianas han rehusado convalidar títulos académicos de medicina a egresados de las universidades cubanas por considerar que el contenido de los estudios es insuficiente y Evo Morales en persona ha dispuesto que el estado valide los estudios.

En el campo de la educación, Morales ha entregado la alfabetización rural a la "cooperación cubana" y se ha atribuido el haber teminado con el analfabetismo, cuando los sucesivos gobiernos de Bolivia están encarando este problema prácticamente desde la reforma educativa de la década de los cincuenta, producto de la revolución nacional. Obviamente la presencia de educadores cubanos es parte del programa de adoctrinamiento y cambio de la mentalidad de la niñez y la juventud boliviana, vital para el plan totalitario.

En el ámbito de las telecomunicaciones nacionalizadas, es menos notoria pero estratégica la intervención cubano-venezolana, pues han puesto en marcha desde Bolivia y en coordinación con los restantes países del Alba una red de soporte a sus medios de comunicación, control de las redes de Internet e intervención de las comunicaciones de los ciudadanos y entidades que señalan como objetivos de investigación. Mientras hacen esto desde el gobierno, se llenan la boca con quejas de solidaridad respaldando al filtrador norteamericano .

La presencia cubana es prácticamente una ocupación del territorio y de las actividades vitales en Bolivia. Evo Morales ha entregado el control de los correos a Cuba al punto que no es raro ver emisiones de correos en homenaje a lo que desde la dictadura castrista se llaman héroes y que son espías condenados en los Estados Unidos, y de la denominada solidaridad con Cuba.

La intervención de personal venezolano es mas presente en el ámbito económico y militar, aunque en muchos casos con ciudadanía venezolana está actuando en realidad personal cubano con cobertura de ciudadanía y jerarquía militar venezolana.

Los estados democráticos tienen cooperación extrajera, pero la presencia de los gobiernos de Cuba y Venezuela en Bolivia es muy distante de la cooperación, es una verdadera dirección de los asuntos internos de Bolivia, demostrada en el hecho que los interventores tienen muy poco con que ayudar en campos en los que Bolivia estaba mas adelantada como ser alfabetización, salud con el seguro universal materno infantil por ejemplo, educación con la reforma educativa puesta en marcha por consenso nacional, telecomunicaciones, correos y en realidad en todas la áreas escogidas por los interventores solo para ejercer control político y expandir su influencia ideológica.

4.8. La lucha contra el narcotráfico

Resulta difícil imaginar como el líder máximo de los cultivadores de coca ilegal, materia prima para el narcotráfico, puede mantener esta condición, tratar de legalizar la hoja de coca, ampliar los cultivos de la coca ilegal y al mismo tiempo "luchar contra el narcotráfico".

Evo Morales ha resuelto este tema de manera muy simple: por un lado alienta el crecimiento de los cultivos de coca ilegal y la integración del círculo de producción de droga al punto en que casi cada productor de hoja de coca es ya productor de pasta base de cocaína; y por otro disminuye, desatiende, liquida, corrompe la estructura de lucha contra el narcotráfico y expulsa los aliados mas importantes y efectivos en esta tarea.

La expulsión de la Agencia antidrogas de los Estados Unidos DEA realizada por "decisión personal" de Evo Morales no es un hecho aislado, un dato menor, o un simple acto de antiimperialismo del régimen. Si se considera el apoyo de inteligencia, intercambio de información y control de los efectivos antinarcóticos en los que entre otras tareas cooperaba dicha agencia, se puede concluir fácilmente que la eficiencia y transparencia de la lucha antidrogas en Bolivia ha terminado, cumpliendo la intencionalidad política del presidente del Estado Plurinacional.

El primero de noviembre de 2008 el presidente de Bolivia, Evo Morales, decidió suspender "indefinidamente" las operaciones en su país del Departamento Antidroga de Estados Unidos, tras acusarlo de realizar "espionaje" y "conspiración" contra su gobierno. Morales acusó a la agencia antidroga de los Estados Unidos DEA (Drug Enforecement Agency) de apoyar económicamente el golpe cívico prefectural contra su gobierno y ordenó la suspensión indefinida de sus actividades en Bolivia. "Es una decisión personal, a partir de hoy se suspende de manera indefinida la actividad de la DEA norteamericana (en Bolivia), tenemos la obligación de defender la soberanía del pueblo boliviano", sentenció Morales, quien en agosto pasado desautorizó el vuelo de aviones de la agencia antidroga[118].

Luego del incremento de la producción de coca y cocaína en Bolivia en la administración de Morales, del incremento de la corrupción en este ámbito, de evidenciar la presencia de mafiosos internacionales en el Estado Plurinacional y de que Brasil se convirtiera en su principal mercado, importantes medios de prensa e investigadores internacionales comenzaron a preguntar primero y sostener después que Bolivia es un narcoestado. A continuación algunos datos sobre el particular:

------

118. La Razón/EFE Bolivia. 1 de noviembre de 2008

- Según Univisión Investiga, el narcotraficante mexicano Joaquín "El Chapo" Guzmán, ha sacado provecho del ambiente de corrupción y complicidad que se vive en Bolivia para ampliar el horizonte de sus negocios y enviar a uno de sus hijos a este país, según documentos de inteligencia del gobierno boliviano obtenidos por Univisión Investiga. El panorama de narcoestado boliviano que se describe en los reportes, muestra una febril actividad de los carteles de Sinaloa, Norte del Valle de Colombia y Primer Comando Capital de Brasil en el país andino. "El hijo del Chapo estaba en la escuela de pilotos en Santa Cruz y se estrelló en plena ciudad. Esto fue el año pasado, estaba registrado con nombre boliviano", dice uno de los reportes[119]

- La misma investigación informa: Los niveles de complicidad de las autoridades de Bolivia con los carteles internacionales de la droga no son ajenos al gobierno de Estados Unidos, según el analista Douglas Farah, experto en Bolivia y quien mantiene contactos con organismos federales antinarcóticos. "Las autoridades de Estados Unidos conocen los documentos, han visto los documentos y vienen a reforzar lo que está saliendo en el juicio del

---

119. Univisión Noticias. Gerardo Reyes. Informes de Inteligencia describen a Bolivia como un Narcoestado.7 de septiembre de 2011

general Sanabria", afirmó Farah, presidente de IBI Consultants y exreportero de *The Washington Post*. "Yo creo que sin este contexto no hubiera tomado tan en serio necesariamente los documentos y los elementos ahí"[120].

- La revista brasilera Veja afirmó que Jerjes Justiniano es el embajador del narcoestado boliviano en Brasilia: Duda Teixeira. El motivo primordial de la persecución política que llevó al senador Roger Pinto Molina a pedir asilo en la embajada de Brasil en La Paz fue un dossier que él entregó en Palacio Quemado, sede del Ejecutivo boliviano, en marzo de 2011. El paquete tenía copias de informes escritos por agentes de inteligencia de la Policía boliviana en los que se desnudaba la participación de miembros del partido del presidente Evo Morales, el Movimiento Al Socialismo (MAS), y de funcionarios de alto escalafón del gobierno en el narcotráfico[121].

- Con el título "La República de la Cocaína, Veja afirma "El presidente de Bolivia, Evo Morales se enorgullece de incentivar las plantaciones de coca, materia prima de más de la mitad de la cocaína y crack consumidos en el Brasil, bajo el argumento

---

120. Univisión Noticias. Inf. Cit.

121. EJU. Bolivia .1 de septiembre de 2013

de que sus hojas sirven para producir té y medicinas tradicionales. Sin embargo, y según lo estima la Organización de las Naciones Unidas (ONU), tan sólo un tercio de la coca plantada en su país satisface dicha demanda. El resto abastece el narcotráfico, y contribuye a corromper la vida de casi un millón de brasileros y de sus familiares. Recientemente han surgido evidencias de que la complicidad del gobierno boliviano con el narcotráfico va más allá de una simple defensa de los intereses de los cocaleros o plantadores de coca"[122].

4.9. Culto del dictador

El culto a la persona y a la personalidad del líder es sin duda uno de los elementos de los regímenes dictatoriales. Según el Diccionario soviético de Filosofía el culto a la personalidad es la ciega inclinación ante la autoridad de algún personaje, ponderación excesiva de sus méritos reales, conversión del nombre de una personalidad histórica en un fetiche. La base teórica del culto a la personalidad radica en la concepción idealista de la historia, según la cual el curso de esta última no es determinado por la acción de las masas del pueblo, sino por los deseos y la voluntad de los grandes hombres (caudillos, militares, héroes, ideólogos destacados).

---

122. Veja Brasil.11 de Julio de 2012. p.1.

A diferencia de la propaganda, cuyo objetivo es diseminar la ideología del régimen, el propósito del culto a la personalidad es reforzar la posición política del líder. El mensaje detrás del culto a la personalidad es *"En este régimen la única persona que importa soy yo"*[123] En las dictaduras es a menudo una forma de culto a la persona del dictador[124] y ha resultado ser típico de dictaduras como las de Stalin, Hitler. Mussolini, Franco, Mao y Fidel Castro por ejemplo.

Estos conceptos y ejemplos históricos ayudan a entender y ratifican la conducta dictatorial de Evo Morales, quien por Decreto Supremo 28807 de fecha 21 de Julio de 2006, a los pocos meses de asumido el mando, declaró "Patrimonio Histórico Nacional a la Localidad de Orinoca y Monumento Histórico la vivienda donde nació el Excelentísimo Presidente de la República, Evo Morales Ayma"[125].

Esta declaración está fundada, en que siendo Orinoca la capital del cantón del mismo nombre, ubicada en el Municipio de Andamarca, Provincia Sud Carangas del Departamento de Oruro y cuna del Primer Mandatario de la República, resulta imprescindible relevar este sitio como parte esencial de la historia de la Patria.

Además declara que a este efecto, es necesario crear un museo interactivo en el lugar, que permita conocer y reflexio-

---

123. And Then There Was One!,. *The Politics of Authoritarian Rule.* p.79

124. Wikipedia. http://es.wikipedia.org/wiki/Culto_a_la_personalidad

125. Gaceta Oficial de Bolivia. DS. 28807 de 21 de Julio de 2006.

nar sobre la historia de los movimientos campesinos, indígenas y pueblos originarios y asimismo que debe instrumentarse una institución académica de excelencia que permita la formación de líderes indígenas, por lo que dispone que los recursos destinados a los estudios para el establecimiento del Museo Interactivo de los Movimientos Campesinos, Indígenas y Pueblos Originarios de Bolivia y creación del Centro de Excelencia de Estudios Indígenas, serán cubiertos por el Ministerio de Producción y Microempresa.

Las ediciones de estampillas de correo referidas a las dos posesiones de mando del presidente Evo Morales., en 2006, como Presidente de la República, y en 2010, como Presidente del Estado Plurinacional, con diferentes atuendos y además de otras series filatélicas con su imagen son acciones de culto a la personalidad que se repiten en la gestión de Morales.

En aplicación del culto del dictador, Evo Morales ha mandado acuñar varias series de monedas con su imagen. Ningún presidente democrático en Bolivia había realizado este tipo de emisiones. Panorama Numismático, bajo el título "Polémica moneda con la cara de Evo Morales", reportaba: "A petición de Bolivia la Casa de La Moneda de Chile ha acuñado cinco monedas especiales de oro con la efigie del presidente Evo Morales con motivo de la conmemoración del bicentenario de la Independencia en América. La emisión áurea ha provocado una gran indignación en el país andino, tanto en la oposición como en diversos sectores sociales por dos motivos concretos: el primero, que la emisión no fuera realizada en Bolivia; y en segundo lugar, que sea un auto homenaje del propio presidente y además en metal oro". Fueron los "representantes de la Casa de la Moneda de Chile quienes entregaron las monedas en Palacio de Gobierno a Evo Morales cinco ejemplares de la moneda, de una emisión de 10.000 monedas realizadas en oro nórdico"[126]

El Banco Central de Bolivia presentó el 5 de agosto de 2010 "un lote de 7.000 monedas conmemorativas de los principios y valores de la Constitución Política del Estado Plurinacional, en la que destaca la imagen del presidente Evo Morales Ayma" Las monedas están forjadas con un borde liso composición de plata 933 de alta calidad con un peso de 27 gramos, acuñadas por la Casa Real de la Moneda de Holanda[127].*

En este mismo culto a la personalidad, Evo Morales con su control de la Asamblea Legislativa Departamental dispuso por Ley 045, la nominación del aeropuerto de Oruro con su nombre produciendo la justificada reacción del pueblo oruro en defensa del insigne primer piloto boliviano Juan Mendoza, cuyo nombre lleva el aeropuerto prácticamente desde el inicio de sus actividades.

Se generó un conflicto que llevó más de 30 días de movilizaciones que concluyó con la abrogatoria de la ley cuestionada. De esta manera se devolvió el nombre de Juan Mendoza al aeropuerto de Oruro que por 43 días se llamó Evo

---

126. Asociación Española de Numismáticos Profesionales. www.aenp.org

127. Los Tiempos. Cochabamba. Agosto 8, 2010

Morales. "La ley número 045 queda sin efecto jurídico en su totalidad", dice el primer artículo de la ley consensuada entre la directiva de la Asamblea Legislativa Departamental, la Central Obrera Departamental, (COD), el Comité Cívico y la Federación Sindical Única de Trabajadores Campesinos de Oruro, entre otros[128]

En todos los actos de vanagloria y culto a su persona, Evo Morales ha violado la ley de 7 de octubre de 1941 que dispone que los monumentos que se levantaren en cualquier punto de la República o fuera de ella a iniciativa de ésta o con fondos nacionales, para perpetuar el recuerdo de algún personaje o acontecimiento histórico, serán objeto de una ley especial y que serán acreedores a este homenaje, únicamente los personajes fallecidos, agregando que queda absolutamente prohibido denominar provincias, poblaciones, colonias, escuelas, puertos, caminos, puentes, estaciones ferrocarrileras, plazas, avenidas, calles y establecimientos o lugares públicos de cualquier clase que sean dependientes del Estado o de las Municipalidades, con nombres de personas vivas por muy eminentes que sean sus servicios prestados al país o alguna localidad.

4.10 Violación a los derechos humanos

Todos los puntos descritos hasta aquí, demuestran la violación a los derechos humanos y a los derechos fundamentales

---

128. La Razón, 23 de marzo de 2013.

de parte del gobierno de Evo Morales. Sin embargo, existen casos considerados como "emblemáticos", que muestran de cuerpo entero la naturaleza dictatorial del régimen.

La Fundación Nueva Democracia[129] resume como graves violaciones a los derechos humanos, que no se investigan, los siguientes casos:

- La Calancha. En noviembre del 2007 producto del traslado de la Asamblea Constituyente al teatro Gran Mariscal de Ayacucho en Sucre, se produce una brutal represión dejando como saldo tres muertos.

- Caso Urresti. En enero de 2007, el joven universitario Cristian Urresti fue asesinado por las hordas campesinas cocaleras que habían tomado la plaza 14 de Septiembre en Cochabamba y no hay culpables.

- Caso Cárdenas. En abril de 2008, campesinos afines al masismo invadieron la vivienda del expresidente Víctor Hugo Cárdenas por Senk'a Jawira, provincia Omasuyos de La Paz. Las hordas golpearon a la esposa y los hijos del exmandatario.

- Caso 24 de Mayo. En mayo de 2008, un grupo de estudiantes de Sucre hicieron arrodillar y pedir

---

129. Fundación Nueva Democracia. Observatorio de Derechos Humanos. Reporte cronológico de violaciones a los derechos humanos sucedidas en Bolivia. 2013

perdón a campesinos afines al MAS, por lo que el Gobierno demandó a miembros del Comité Interinstitucional.

- Represión en Chaparina. El 25 de septiembre en San Lorenzo de Chaparina, próxima a Yucumo (Beni), 500 policías arremeten contra los marchistas que defendían el Tipnis, dejando cientos de heridos.

- Represión a discapacitados. El 23 de febrero de 2012, un centenar de efectivos policiales reprimieron a la marcha de las personas con discapacidad cuando estos se aprestaban ingresar a la plaza Murillo.

- Caso Quíspe. El 12 de marzo de 2012, fue brutalmente asesinada la concejal del municipio paceño de Ancoraimes, Juana Quispe, Apartada del cargo de forma injusta y a los 32 días de volver fue asesinada.

- Caso Mendizábal. El 29 de mayo de 2012, la jueza Ximena Mendizábal dispuso la libertad del abogado Luis Ayllón. Ante esta acción judicial, la juzgadora es demandada por prevaricato por parte de los abogados de la Gobernación de Chuquisaca.

- Caso Pinto. El 28 de mayo de 2012, el senador Róger Pinto decide refugiarse en la Embajada de Brasil. Once días después le dan luz verde para ingresar, pero Solivia nunca entregó el salvoconducto necesario.

- Caso Ribera. El 19 de junio de 2012, asesinan a la concejala Daguimar Ribera, de Guayaramerin, con 3 balazos. Tres semanas antes, Ribera instauró 4 procesos contra el alcalde Alexander Guzmán por nepotismo y malversación[130].

La misma institución, reporta que "en cuanto al eje de persecución por motivaciones políticas, se establece que durante el cuatrimestre septiembre-diciembre 2012 la prensa reporta la ocurrencia de al menos 22 casos"[131].

Si se pudieran tener reportes de este tipo, año por año desde que Evo Morales llegó al poder, podríamos acreditar caos de persecución, muertes y violaciones a los derechos humanos por centenas.

Deben ser motivo de otro estudio las violaciones permanentemente producidas por el dirigente cocalero Evo Morales antes de tomar el poder, ya que como líder máximo de los cultivadores de coca ilegal, desde iniciada la década de los noventa, no pasó un año sin que Evo Morales produzca bloqueos, marchas, muertos, masacres, confrontaciones, sin importar quién era el presidente o ministro en ejercicio del poder democrático.

---

130. *El Día*. SantaCruz. Enero 21 2013

131. Fundación Nueva Democracia. Reporte citado P8

CAPÍTULO 5

Cómo recuperar la democracia

En las condiciones ofrecidas por la realidad objetiva de Bolivia es un imperativo nacional la recuperación de la democracia. La situación es muy adversa de acuerdo a la breve descripción realizada en este trabajo.

Con todo el poder concentrado en manos del presidente, sin ninguna posibilidad de vigencia de la ley, con el control absoluto de la fuerza, con un sistema de represión organizado e internacionalizado, con la prensa sometida y cuanto menos limitada, con los ciudadanos en general bajo un ambiente de miedo, con el control de la relaciones internacionales y los importantes miembros del mismo proyecto en el hemisferio, las esperanzas parecerían pocas.

Sin embargo, la historia muestra que Bolivia y otros países han superado situaciones de este tipo aún a costa de muchos esfuerzos y sacrificios y que los regímenes dictatoriales no son eternos. Las dictaduras pelean criminalmente por sostenerse en el poder, pero terminan por ser derrotadas por la fuerza de la libertad y de los pueblos.

A continuación algunas sugerencias de cómo podemos los bolivianos recuperar la democracia en nuestro país y derrotar la dictadura del siglo XXI en Bolivia.

5.1. Llamar las cosas por su nombre

Siguiendo la denominación señalada por el precursor Osvaldo Hurtado[132], resulta esencial empezar a llamar al gobierno de Evo Morales por su nombre, por lo que es: una dictadura.

No es posible que el hemisferio y el mundo sigan reconociendo y tratando a Morales como a un presidente democrático y a su gobierno como una democracia, cuando —como se ha demostrado en este trabajo— hoy en Bolivia no se cumple ni uno de los elementos esenciales de la democracia en el marco de la Carta Democrática Interamericana.

Si los bolivianos, dentro y fuera del país, y los amigos de la democracia y de Bolivia en las américas y en el mundo, desde nuestra actividad diaria, en el trabajo, en la prensa, en los comentarios, en la calle, en las reuniones sociales, en las cátedras, en los discursos, en las entrevistas, en suma en todos los actos sociales de la vida diaria, le decimos a la gente que Bolivia es hoy una dictadura y que su presidente es un dictador, promoveremos un debate que obligará al caudillo y a su gobierno a ponerse más en evidencia ante las pruebas contundentes de sus abusos e impostura.

---

132. Hurtado, Osvaldo. *Dictaduras del siglo XXI*

En este camino no pasará mucho tiempo antes de que nuestro país y los otros que son víctimas del mismo proceso dictatorial, sean objeto de observación y verificación de evidencias que en manos de cualquier persona o institución imparcial mostrará lo que aquí hemos afirmado.

5.2. La imprescindible unidad de la oposición

Frente a la consolidación de la dictadura de Morales, y a su decisión de reelegirse por tercera vez por el camino del fraude electoral que ya ha comenzado a implementar, mas allá de las posiciones ideológicas o programáticas es imprescindible la unidad de la oposición para presentar un solo bloque en las próximas elecciones, unir fuerzas, pero sobretodo minimizar el engaño a la democracia y poner en evidencia las debilidades del régimen.

Evo Morales puede ser derrotado en elecciones por cualquier candidato si se presenta una sola coalición de oposición.

El modelo histórico de la Concertación en Chile para derrotar al dictador de su país y luego gobernar con éxito es un gran ejemplo. Un ejemplo más reciente es la Mesa de la Unidad de Venezuela que sigue luchando, no sin grandes dificultades, y que prácticamente ha ganado las últimas elecciones al candidato del socialismo del siglo XXI en ese país, donde hoy Maduro ejerce ilegítima e ilegalmente la presidencia.

Para hacer frente a una dictadura no valen ni pesan las diferencias partidarias o personales porque este es el elemento central del totalitarismo para no ser derrotado. Las dictaduras alientan y fomentan la división de la oposición, ya sea por medio de confrontaciones reales, de falsas alianzas o plantando opositores que son operadores del gobierno y que pueden hacer de todo, incluso aparentar confrontaciones con el gobierno y ofensas controladas al caudillo, pero nunca conformar un bloque o proyecto de unidad para las elecciones.

En este entendido, el proceso electoral que ya ha comenzado en Bolivia, servirá para mostrarnos quienes son opositores reales y quienes usan esa posición para seguirse beneficiando de los premios colaterales que otorga la dictadura a los que la ayudan. La pena es que solo lo sabremos cuando Morales se haya reelegido y seguramente —para que el espectáculo sea completo— cuando haya purgado a quienes lo ayudaron, como ya ha sucedido en varios casos.

Hay que evitar la violencia, cuando se trata de derrotar y retirar a una dictadura la violencia no es un medio exitoso porque los dictadores tienen la experticia y en general el monopolio de la violencia. Acciones violentas o desesperadas solo los fortalecen y ayudan a que su aparato de propaganda los presente como víctimas y como mas demócratas. Por eso en muchos casos vistos en la historia cuando se presentaron hechos violentos contra dictaduras, resultaron ser situaciones alentadas y hasta finanaciadas por las propias dictaduras para deshacerse de impulsivos y/o valientes adversarios.

5.3. Recuperar la capacidad de denuncia

Pese a la inexistencia de institucionalidad, pese a la falta de garantías y al ambiente de amenaza en el que se desenvuelve el pueblo bolviano, es importante recuperar la capacidad de denuncia. Muchos de los abusos del dictador Evo Morales se han evitado e incluso se han revocado por las denuncias oportunas y bien difundidas de ciudadanos honestos.

Los líderes sociales, políticos, cívicos, religiosos, militares, campesinos, regionales, sindicales no pueden dejar de denunciar los hechos de violación de sus derechos y libertades. Pedir cuando sea necesario la verificación de hechos y procesos, mostrar los abusos del presidente y de su gobierno son un medio de desgaste que ningún régimen resiste. O se deteriora progresivamente o tiene que recurrir a la represión que lo debilita aún más rápido.

Hay que renunciar al silencio prudente que puede convertirse en cómplice, y cuando el alcance de la represión pueda ser muy grande hay que usar a personas fuera del país para que puedan hacer la denuncia documentada protegiendo a los actores locales.

La revolución tecnológica que vivimos en el mundo por medio del Internet, las redes sociales y la comunicación en tiempo real, está achicando la vida de las dictaduras y acotando sus abusos.

5.4. Despertar la solidaridad de la democracias del mundo

Uno de los temas que llama mucho la atención y que la gente se pregunta con razón, es por qué las democracias de las américas y el mundo toleran, permiten y aceptan a los regímenes dictatoriales del siglo XXI instalados en Cuba, Venezuela, Bolivia, Ecuador y Nicaragua. Y por qué además —con su silencio— permiten el crecimiento y los constantes intentos de incorporar nuevos países a esta poco recomendable lista.

Hay varias razones, pero las dos mas importantes son en mi criterio, las políticas y los negocios. Las razones políticas tienen que ver con el hecho de que los países del socialismo del siglo XXI con el gran despliegue de dinero realizado por Chávez por aproximadamente 13 años y con el manejo discrecional del petróleo venezolano, lograron construir el suficiente apoyo internacional para formar un grupo de apoyo, asistencia recíproca y bloqueo o protección. Las razones de negocios son los créditos —de nuevo Chávez repartiendo dinero— a países o gobiernos con urgencias, el intercambio comercial, venta de petróleo venezolano a crédito, como a los países de Petrocaribe, o los intereses de inversión, de manera que los gobiernos democráticos terminan siendo muy tolerantes y se amparan en el falso reduccionismo de que los dictadores "ganan elecciones y tienen apoyo popular".

Sin embargo, si se demuestra permanentemente a la opinión pública internacional las violaciones a los derechos humanos, a la libertad de prensa, de expresión; si se presentan y documentan los abusos y atropellos que hemos descrito resumidamente en este trabajo; si se difunde que las dictaduras no cumplen con alguno o con ninguno de los elementos esenciales de la democracia; podremos lograr que la comodidad de los estados tolerantes o de los gobiernos indiferentes en los países democráticos, cambie y se vuelque a la defensa de la democracia. .

Los países democráticos de América Latina deben entender que la existencia de las dictaduras del siglo XXI es una amenaza para ellos mismos y para su estabilidad institucional. En Bolivia, por no entender esto, los gobiernos democráticos toleramos por años una relación con la dictadura castrista. Cometimos el pecado de omisión de aceptar las permanentes violaciones que cometía y comete la dictadura castrista. No denunciamos a tiempo los excesos y atropellos y luego pasó lo mismo con los de Chávez en Venezuela. De esta manera fuimos presa fácil de su proyecto, entonces encubierto, que nos ha llevado donde estamos.

Es un hecho que no se puede ocultar que desde la aparición del Alba o socialismo del siglo XXI el nivel de conflictividad social en América Latina ha subido exponencialmente, porque lógicamente está en la mayoría de los casos alentado y financiado por el proyecto de expansión de los estados no democráticos.

5.5. Reconozcamos que hemos perdido la democracia

La recuperación de la democracia en Bolivia y en los países ocupados por el proyecto transnacional del socialismo del siglo XXI, Alba o bolivariano, no será rápida ni fácil, pero debemos comenzar por aceptar que tenemos un problema muy serio, que hemos perdido la democracia.

Frente a la realidad objetiva demostrada por las fuentes citadas en este trabajo, afrontamos la dura realidad de reconocer que la situación es adversa y que tal vez ha pasado demasiado tiempo en el que los ciudadanos de Bolivia hemos tolerado y sufrido el ejercicio del poder en la forma totalitaria como lo ejerce el presidente del estado plurinacional.

La tolerancia, mezclada con la ilusión de que los abusos cesen pronto, ha llegado incluso hasta permitir la suplantación constitucional, el cambio del nombre del país, la terminación de la República, la utilización de la justicia como mecanismo de persecución y represión, la desinstitucionalización y deformación de las Fuerzas Armadas, la existencia de perseguidos, presos y exiliados políticos y las tantas violaciones y sinrazones que se han descrito.

Como en todo debemos empezar por reconocer el problema.

No es posible —por ejemplo— que el dictador Evo Morales siga festejando y presida los actos del aniversario del retorno de Bolivia a la democracia mientras impone a los bolivianos iguales o peores restricciones y violaciones que las que sucedían antes de 1982, cuando el país regresó a la democracia.

Todos y cada uno de los asuntos planteados, casos y cuestiones sostenidas en este trabajo son suceptibles de verificación y pueden ser extraordinariamente ampliados. Queda el desafío para que los expertos en cada tema puedan desarrollar cada uno de los aspectos de la ruta que Bolivia ha seguido hacia la dictadura del siglo XXI, de las características y efectos de esta, y sobretodo aportar mas ideas para recuperar la democracia.

La recuperación de la democracia en Bolivia y en los países ocupados por el proyecto transnacional del socialismo del siglo XXI, Alba o bolivariano, y de sus prácticas del neocomunismo no será rápida ni fácil. Debemos comenzar por aceptar que hemos perdido la democracia, que se han instaurado nuevas dictaduras en América Latina.

El régimen de Evo Morales es la dictadura del siglo XXI en Bolivia.

Anexo 1

Carta Democrática Interamericana

"Los pueblos de América tienen derecho a la democracia y sus gobiernos la obligación de promoverla y defenderla". Esta declaración es el punto de partida de la Carta Democrática Interamericana, cuya aprobación, en septiembre del 2001, ha marcado el inicio de una nueva era del Sistema Interamericano. La Carta presenta y ordena, de manera integral y coherente, los elementos que definen la organización democrática, los instrumentos hemisféricos que pueden ser usados para su defensa y los lineamientos generales para su perfeccionamiento. Es el primer instrumento de carácter regional en avanzar, de manera integral, en un modelo de este tipo. Su importancia viene siendo reconocida tanto por los Estados Miembros de la OEA, como por

otras instituciones políticas multilaterales que empiezan a ver en ella un modelo a seguir.

La defensa de la democracia había sido siempre un objetivo de la Organización de los Estados Americanos, pero sólo en los últimos diez años se crearon y pusieron en marcha mecanismos concretos de respuesta ante la amenaza a la estabilidad de los gobier-nos democráticos, tal como la Resolución 1080 y el Protocolo de Washington, entre otros. La Carta Democrática Interamericana recoge esa función y perfecciona la idea sobre la defensa de la democracia, entendiendo ésta no sólo como la preservación del gobierno popularmente electo, sino como el cumplimiento de

una serie de condiciones que incluyen la defensa de los derechos humanos, y garantías, como la separación de poderes.

Aprobada de manera unánime por los 34 estados miembros activos de la OEA, la Carta es principalmente una guía para mejorar el funcionamiento de los sistemas democráticos. Entre las condiciones que se consideran esenciales para la democracia y que los países se han comprometido en defender, se encuentran el respeto por los derechos humanos y las libertades fundamentales, la posibilidad de los pueblos de elegir a sus gobernantes y de expresar su voluntad a través de elecciones libres y justas; la transparencia y rectitud de las instituciones del Estado y de quienes se han designado como responsables de las mismas; el reconocimiento y respeto de los derechos sociales; la existencia de espacios y mecanismos de participación pública para que los ciudadanos se involucren directamente en la definición de su propio destino; y por último, el fortalecimiento de los partidos y organizaciones políticas como medios de expresar la voluntad popular.

La Carta hace énfasis también en la importancia de los valores democráticos fundamentales y propugna por la promoción de los mismos, con el propósito de establecer una cultura democrática y encauzar a las nuevas generaciones a adquirir un compromiso en ese sentido.

Esta publicación forma parte de los esfuerzos por difundir, tan ampliamente como sea posible, el contenido de ese importante documento. Estamos seguros de que este último será una fuente de inspiración para todos aquellos que buscan hacer de la democracia el sistema político idóneo para garantizar la dignidad y mejorar la calidad de vida de los ciudadanos de las Américas.

César Gaviria
Secretario General

LA ASAMBLEA GENERAL,

CONSIDERANDO que la Carta de la Organización de los Estados Americanos reconoce que la democracia representativa es indispensable para la estabilidad, la paz y el desarrollo de la región y que uno de los propósitos de la OEA es promover y consolidar la democracia representativa dentro del respeto del principio de no intervención;

RECONOCIENDO los aportes de la OEA y de otros mecanismos regionales y subregionales en la promoción y consolidación de la democracia en las Américas;

RECORDANDO que los Jefes de Estado y de Gobierno de las Américas reunidos en la Tercera Cumbre de las Américas, celebrada del 20 al 22 de abril de 2001 en la ciudad de Quebec, adoptaron una cláusula democrática que establece que cualquier alteración o ruptura inconstitucional del orden democrático en un Estado del Hemisferio constituye un obstáculo insuperable para la participación del gobierno de dicho Estado en el proceso de Cumbres de las Américas;

TENIENDO EN CUENTA que las cláusulas democráticas existentes en los mecanismos regionales y subregionales expresan los mismos objetivos que la cláusula democrática adoptada por los Jefes de Estado y de Gobierno en la ciudad de Quebec;

REAFIRMANDO que el carácter participativo de la democracia en nuestros países en los diferentes ámbitos de la actividad pública contribuye a la consolidación de los valores democráticos y a la libertad y la solidaridad en el Hemisferio;

CONSIDERANDO que la solidaridad y la cooperación de los Estados americanos requieren la organización política de los mismos sobre la base del ejercicio efectivo de la democracia representativa y que el crecimiento económico y el desarrollo social basados en la justicia y la equidad y la democracia son interdependientes y se refuerzan mutuamente;

REAFIRMANDO que la lucha contra la pobreza, especialmente la eliminación de la pobreza crítica, es esencial para la promoción y consolidación de la democracia y constituye una responsabilidad común y compartida de los Estados americanos;

TENIENDO PRESENTE que la Declaración Americana de los Derechos y Deberes del Hombre y la Convención Americana sobre Derechos Humanos contienen los valores y principios de libertad, igualdad y justicia social que son intrínsecos a la democracia;

REAFIRMANDO que la promoción y protección de los derechos humanos es condición fundamental para la existencia de una sociedad democrática, y reconociendo la importancia que

tiene el continuo desarrollo y fortalecimiento del sistema interamericano de derechos humanos para la consolidación de la democracia;

CONSIDERANDO que la educación es un medio eficaz para fomentar la conciencia de los ciudadanos con respecto a sus propios países y, de esa forma, lograr una participación significativa en el proceso de toma de decisiones, y reafirmando

la importancia del desarrollo de los recursos humanos para lograr un sistema democrático y sólido;

RECONOCIENDO que un medio ambiente sano es indispensable para el desarrollo integral del ser humano, lo que contribuye a la democracia y la estabilidad política;

TENIENDO PRESENTE que el Protocolo de San Salvador en materia de derechos económicos, sociales y culturales resalta la importancia de que tales derechos sean reafirmados, desarrollados, perfeccionados y protegidos en función de consolidar el régimen democrático representativo de gobierno;

RECONOCIENDO que el derecho de los trabajadores de asociarse libremente para la defensa y promoción de sus intereses es fundamental para la plena realización de los ideales democráticos;

TENIENDO EN CUENTA que, en el Compromiso de Santiago con la Democracia y la Renovación del Sistema Interamericano, los Ministros de Relaciones Exteriores expresaron

su determinación de adoptar un conjunto de procedimientos eficaces, oportunos y expeditos para asegurar la promoción

y defensa de la democracia representativa dentro del respeto del principio de no intervención; y que la resolución AG/RES. 1080 (XXI-O/91) estableció, consecuentemente, un mecanismo de acción colectiva en caso de que se produjera una interrupción abrupta o irregular del proceso político institucional democrático o del legítimo ejercicio del poder por un gobierno democráticamente electo en cualquiera de los Estados Miembros de la Organización, materializando así una antigua aspiración del Continente de responder rápida y colectivamente en defensa de la democracia;

RECORDANDO que, en la Declaración de Nassau (AG/DEC. 1 (XXII-O/92)), se acordó desarrollar mecanismos para proporcionar la asistencia que los Estados Miembros soliciten para promover, preservar y fortalecer la democracia representativa, a fin de complementar y ejecutar lo previsto en la resolución AG/RES. 1080 (XXI-O/91);

TENIENDO PRESENTE que, en la Declaración de Managua para la Promoción de la Democracia y el Desarrollo (AG/DEC. 4 (XXIII-O/93)), los Estados Miembros expresaron su convencimiento de que la democracia, la paz y el desarrollo son partes inseparables e indivisibles de una visión renovada e integral de la solidaridad americana, y que de la puesta en marcha de una estrategia inspirada en la interdependencia y

complementariedad de esos valores dependerá la capacidad de la Organización de contribuir a preservar y fortalecer las estructuras democráticas en el Hemisferio;

CONSIDERANDO que, en la Declaración de Managua para la Promoción de la Democracia y el Desarrollo, los Estados Miembros expresaron su convicción de que la misión de la Organización no se limita a la defensa de la democracia en los casos de quebrantamiento de sus valores y principios fundamentales, sino que requiere además una labor permanente y creativa dirigida a consolidarla, así como un esfuerzo permanente para prevenir y anticipar las causas mismas de los problemas que afectan el sistema democrático de gobierno;

TENIENDO PRESENTE que los Ministros de Relaciones Exteriores de las Américas, en ocasión del trigésimo primer período ordinario de sesiones de la Asamblea General, en San José de Costa Rica, dando cumplimiento a la expresa instrucción de los Jefes de Estado y de Gobierno reunidos en la Tercera Cumbre, celebrada en la ciudad de Quebec, aceptaron el documento de base de la Carta Democrática Interamericana y encomendaron al Consejo Permanente su fortalecimiento y ampliación, de conformidad con la Carta de la OEA, para su aprobación definitiva en un período extraordinario de sesiones de la Asamblea General en la ciudad de Lima, Perú;

RECONOCIENDO que todos los derechos y obligaciones de los Estados Miembros conforme a la Carta de la OEA representan el fundamento de los principios democráticos del Hemisferio; y

TENIENDO EN CUENTA el desarrollo progresivo del derecho internacional y la conveniencia de precisar las disposiciones contenidas en la Carta de la Organización de los Estados Americanos e instrumentos básicos concordantes, relativas a la preservación y defensa de las instituciones democráticas, conforme a la práctica establecida, RESUELVE:

Aprobar la siguiente

CARTA DEMOCRÁTICA INTERAMERICANA

I
La democracia y el sistema interamericano

Artículo 1

Los pueblos de América tienen derecho a la democracia y sus gobiernos la obligación de promoverla y defenderla.

La democracia es esencial para el desarrollo social, político y económico de los pueblos de las Américas.

Artículo 2

El ejercicio efectivo de la democracia representativa es la base del estado de derecho y los regímenes constitucionales de los Estados Miembros de la Organización de los Estados Americanos. La democracia representativa se refuerza y profundiza con la participación permanente, ética y responsable de la ciudadanía en un marco de legalidad conforme al respectivo orden constitucional.

Artículo 3

Son elementos esenciales de la democracia representativa, entre otros, el respeto a los derechos humanos y las libertades fundamentales; el acceso al poder y su ejercicio con sujeción al estado de derecho; la celebración de elecciones periódicas, libres, justas y basadas en el sufragio universal y secreto como expresión de la soberanía del pueblo; el régimen plural de partidos y organizaciones políticas; y la separación e independencia de los poderes públicos.

Artículo 4

Son componentes fundamentales del ejercicio de la democracia la transparencia de las actividades gubernamentales, la probidad, la responsabilidad de los gobiernos en la gestión pública, el respeto por los derechos sociales y la libertad de expresión y de prensa.

La subordinación constitucional de todas las instituciones del Estado a la autoridad civil legalmente constituida y el respeto al estado de derecho de todas las entidades y sectores de la sociedad son igualmente fundamentales para la democracia.

Artículo 5

El fortalecimiento de los partidos y de otras organizaciones políticas es prioritario para la democracia. Se deberá prestar atención especial a la problemática derivada de los altos costos de las campañas electorales y al establecimiento de un régimen equilibrado y transparente de financiación de sus actividades.

Artículo 6

La participación de la ciudadanía en las decisiones relativas a su propio desarrollo es un derecho y una responsabilidad. Es también una condición necesaria para el pleno y efectivo ejercicio de la democracia. Promover y fomentar diversas formas de participación fortalece la democracia.

II
La democracia y los derechos humanos

Artículo 7

La democracia es indispensable para el ejercicio efectivo de las libertades fundamentales y los derechos humanos, en su carácter universal, indivisible e interdependiente, consagrados en las respectivas constituciones de los Estados y en los instrumentos interamericanos e internacionales de derechos humanos.

Artículo 8

Cualquier persona o grupo de personas que consideren que sus derechos humanos han sido violados pueden interponer denuncias o peticiones ante el sistema interamericano de promoción y protección de los derechos humanos conforme a los procedimientos establecidos en el mismo.

Los Estados Miembros reafirman su intención de fortalecer el sistema interamericano de protección de los derechos humanos para la consolidación de la democracia en el Hemisferio.

Artículo 9

La eliminación de toda forma de discriminación, especialmente la discriminación de género, étnica y racial, y de las diversas formas de intolerancia, así como la promoción y protección de los derechos humanos de los pueblos indígenas y los migrantes y el respeto a la diversidad étnica, cultural y religiosa en las Américas, contribuyen al fortalecimiento de la democracia y la participación ciudadana.

Artículo 10

La promoción y el fortalecimiento de la democracia requieren el ejercicio pleno y eficaz de los derechos de los trabajadores y la aplicación de normas laborales básicas, tal como están consagradas en la Declaración de la Organización Internacional del Trabajo (OIT) relativa a los Principios y Derechos Fundamentales en el Trabajo y su Seguimiento, adoptada en 1998, así como en otras convenciones básicas afines de la OIT. La democracia se fortalece con el mejoramiento de las condiciones laborales y la calidad de vida de los trabajadores del Hemisferio.

III
Democracia, desarrollo integral y combate a la pobreza

Artículo 11

La democracia y el desarrollo económico y social son interdependientes y se refuerzan mutuamente.

Artículo 12

La pobreza, el analfabetismo y los bajos niveles de desarrollo humano son factores que inciden negativamente en la consolidación de la democracia. Los Estados Miembros de la OEA se comprometen a adoptar y ejecutar todas las acciones necesarias para la creación de empleo productivo, la reducción de

la pobreza y la erradicación de la pobreza extrema, teniendo en cuenta las diferentes realidades y condiciones económicas de los países del Hemisferio. Este compromiso común frente a los problemas del desarrollo y la pobreza también destaca la importancia de mantener los equilibrios macroeconómicos y el imperativo de fortalecer la cohesión social y la democracia.

Artículo 13

La promoción y observancia de los derechos económicos, sociales y culturales son consustanciales al desarrollo integral, al crecimiento económico con equidad y a la consolidación de la democracia en los Estados del Hemisferio.

Artículo 14

Los Estados Miembros acuerdan examinar periódicamente las acciones adoptadas y ejecutadas por la Organización encaminadas a fomentar el diálogo, la cooperación para el desarrollo integral y el combate a la pobreza en el Hemisferio, y tomar las medidas oportunas para promover estos objetivos.

Artículo 15

El ejercicio de la democracia facilita la preservación y el manejo adecuado del medio ambiente. Es esencial que los Estados del Hemisferio implementen políticas y estrategias de protección del medio ambiente, respetando los diversos tratados y convenciones, para lograr un desarrollo sostenible en beneficio de las futuras generaciones.

Artículo 16

La educación es clave para fortalecer las instituciones democráticas, promover el desarrollo del potencial humano y el alivio de la pobreza y fomentar un mayor entendimiento entre los pueblos. Para lograr estas metas, es esencial que una educación de calidad esté al alcance de todos, incluyendo a las niñas y las mujeres, los habitantes de las zonas rurales y las personas que pertenecen a las minorías.

IV Fortalecimiento y preservación
de la institucionalidad democrática

Artículo 17

Cuando el gobierno de un Estado Miembro considere que

está en riesgo su proceso político institucional democrático o su legítimo ejercicio del poder, podrá recurrir al Secretario General o al Consejo Permanente a fin de solicitar asistencia para el fortalecimiento y preservación de la institucionalidad democrática.

Artículo 18

Cuando en un Estado Miembro se produzcan situaciones que pudieran afectar el desarrollo del proceso político institucional democrático o el legítimo ejercicio del poder, el Secretario General o el Consejo Permanente podrá, con el consentimiento previo del gobierno afectado, disponer visitas y otras gestiones con la finalidad de hacer un análisis de la situación. El Secretario General elevará un informe al Consejo Permanente, y éste realizará una apreciación colectiva de la situación y, en caso necesario, podrá adoptar decisiones dirigidas a la preservación de la institucionalidad democrática y su fortalecimiento.

Basado en los principios de la Carta de la OEA y con sujeción a sus normas, y en concordancia con la cláusula democrática contenida en la Declaración de la ciudad de Quebec, la ruptura del orden democrático o una alteración del orden constitucional que afecte gravemente el orden democrático en un Estado Miembro constituye, mientras persista, un obstáculo insuperable para la participación de su gobierno en las sesiones de la Asamblea General, de la Reunión de Consulta, de los Consejos de la Organización y de las conferencias especializadas, de las comisiones, grupos de trabajo y demás órganos de la Organización.

Artículo 20

En caso de que en un Estado Miembro se produzca una alteración del orden constitucional que afecte gravemente su orden democrático, cualquier Estado Miembro o el Secretario General podrá solicitar la convocatoria inmediata del Consejo Permanente para realizar una apreciación colectiva de la situación y adoptar las decisiones que estime conveniente.

El Consejo Permanente, según la situación, podrá disponer la realización de las gestiones diplomáticas necesarias, incluidos los buenos oficios, para promover la normalización de la institucionalidad democrática.

Si las gestiones diplomáticas resultaren infructuosas o si la urgencia del caso lo aconsejare, el Consejo Permanente convocará de inmediato un período extraordinario de sesiones de la Asamblea General para que ésta adopte las decisiones que estime apropiadas, incluyendo gestiones diplomáticas, conforme a la Carta de la Organización, el derecho internacional y las disposiciones de la presente Carta Democrática.

Durante el proceso se realizarán las gestiones diplomáticas necesarias, incluidos los buenos oficios, para promover la normalización de la institucionalidad democrática.

Artículo 21

Cuando la Asamblea General, convocada a un período extraordinario de sesiones, constate que se ha producido la ruptura del orden democrático en un Estado Miembro y que las gestiones diplomáticas han sido infructuosas, conforme

a la Carta de la OEA tomará la decisión de suspender a dicho Estado Miembro del ejercicio de su derecho de participación en la OEA con el voto afirmativo de los dos tercios de los Estados Miembros. La suspensión entrará en vigor de inmediato.

El Estado Miembro que hubiera sido objeto de suspensión deberá continuar observando el cumplimiento de sus obligaciones como miembro de la Organización, en particular en materia de derechos humanos.

Adoptada la decisión de suspender a un gobierno, la Organización mantendrá sus gestiones diplomáticas para el restablecimiento de la democracia en el Estado Miembro afectado.

Una vez superada la situación que motivó la suspensión, cualquier Estado Miembro o el Secretario General podrá proponer a la Asamblea General el levantamiento de la suspensión. Esta decisión se adoptará por el voto de los dos tercios de los Estados Miembros, de acuerdo con la Carta de la OEA.

V
La democracia y las misiones de observación electoral

Artículo 23

Los Estados Miembros son los responsables de organizar, llevar a cabo y garantizar procesos electorales libres y justos.

Los Estados Miembros, en ejercicio de su soberanía, podrán solicitar a la OEA asesoramiento o asistencia para el fortalecimiento y desarrollo de sus instituciones y procesos electorales, incluido el envío de misiones preliminares para ese propósito.

Artículo 24

Las misiones de observación electoral se llevarán a cabo por solicitud del Estado Miembro interesado. Con tal finalidad, el gobierno de dicho Estado y el Secretario General celebrarán un convenio que determine el alcance y la cobertura de la misión de observación electoral de que se trate. El Estado Miembro deberá garantizar las condiciones de seguridad, libre acceso a la información y amplia cooperación con la misión de observación electoral.

Las misiones de observación electoral se realizarán de conformidad con los principios y normas de la OEA. La Organización deberá asegurar la eficacia e independencia de estas misiones, para lo cual se las dotará de los recursos necesarios. Las mismas se realizarán de forma objetiva, imparcial y transparente, y con la capacidad técnica apropiada.

Las misiones de observación electoral presentarán oportunamente al Consejo Permanente, a través de la Secretaría General, los informes sobre sus actividades.

Artículo 25

Las misiones de observación electoral deberán informar al Consejo Permanente, a través de la Secretaría General, si no existiesen las condiciones necesarias para la realización de elecciones libres y justas.

La OEA podrá enviar, con el acuerdo del Estado interesado, misiones especiales a fin de contribuir a crear o mejorar dichas condiciones.

VI
Promoción de la cultura democrática

Artículo 26

La OEA continuará desarrollando programas y actividades dirigidos a promover los principios y prácticas democráticas y fortalecer la cultura democrática en el Hemisferio, considerando que la democracia es un sistema de vida fundado en la libertad y el mejoramiento económico, social y cultural de los pueblos. La OEA mantendrá consultas y cooperación continua con los Estados Miembros, tomando en cuenta los aportes de organizaciones de la sociedad civil que trabajen en esos ámbitos.

Artículo 27

Los programas y actividades se dirigirán a promover la gobernabilidad, la buena gestión, los valores democráticos y el fortalecimiento de la institucionalidad política y de las organizaciones de la sociedad civil. Se prestará atención especial al desarrollo de programas y actividades para la educación de la niñez y la juventud como forma de asegurar la permanencia de los valores democráticos, incluidas la libertad y la justicia social.

Artículo 28

Los Estados promoverán la plena e igualitaria participación de la mujer en las estructuras políticas de sus respectivos países como elemento fundamental para la promoción y ejercicio de la cultura democrática.

La Organización de los Estados Americanos (OEA)
es la organización regional más antigua del mundo,
ya que se remonta a la Primera Conferencia Internacional de Estados
Americanos, celebrada en Washington, D.C., de octubre de 1889 a abril de
1890.

Organización de los Estados Americanos Washington, D.C. www.oas.org

Esta publicación ha sido realizada por la Unidad para la Promoción de la Democracia (UPD)

Declaración Americana de los Derechos y Deberes del Hombre

Declaración Americana de los Derechos y Deberes del Hombre

La IX Conferencia Internacional Americana,

CONSIDERANDO:

Que los pueblos americanos han dignificado la persona humana y que sus constituciones nacionales reconocen que las instituciones jurídicas y políticas, rectoras de la vida en sociedad, tienen como fin principal la protección de los derechos esenciales del hombre y la creación de circunstancias que le permitan progresar espiritual y materialmente y alcanzar la felicidad;

Que, en repetidas ocasiones, los Estados americanos han reconocido que los derechos esenciales del hombre no nacen del hecho de ser nacional de determinado Estado sino que tienen como fundamento los atributos de la persona humana;

Que la protección internacional de los derechos del hombre debe ser guía principalísima del derecho americano en evolución;

Que la consagración americana de los derechos esenciales del hombre unida a las garantías ofrecidas por el régimen interno de los Estados, establece el sistema inicial de protección que los Estados americanos consideran adecuado a las actuales circunstancias sociales y jurídicas, no sin reconocer que deberán fortalecerlo cada vez más en el campo internacional, a medida que esas circunstancias vayan siendo más propicias,

ACUERDA:

adoptar la siguiente

DECLARACIÓN AMERICANA DE LOS DERECHOS Y DEBERES DEL HOMBRE

Preámbulo

Todos los hombres nacen libres e iguales en dignidad y derechos y, dotados como están por naturaleza de razón y conciencia, deben conducirse fraternalmente los unos con los otros.

El cumplimiento del deber de cada uno es exigencia del derecho de todos. Derechos y deberes se integran correlativamente en toda actividad social y política del hombre. Si los derechos exaltan la libertad individual, los deberes expresan la dignidad de esa libertad.

Los deberes de orden jurídico presuponen otros, de orden moral, que los apoyan conceptualmente y los fundamentan.

Es deber del hombre servir al espíritu con todas sus potencias y recursos porque el espíritu es la finalidad suprema de la existencia humana y su máxima categoría.

Es deber del hombre ejercer, mantener y estimular por todos los medios a su alcance la cultura, porque la cultura es la máxima expresión social e histórica del espíritu.

Y puesto que la moral y buenas maneras constituyen la floración más noble de la cultura, es deber de todo hombre acatarlas siempre.

CAPÍTULO PRIMERO

Derechos

Artículo I. Todo ser humano tiene derecho a la vida, a la libertad y a la seguridad de su persona. / Derecho a la vida, a la libertad, a la seguridad e integridad de la persona.

Artículo II. Todas las personas son iguales ante la Ley y tienen los derechos y deberes consagrados en esta declaración sin distinción de raza, sexo, idioma, credo ni otra alguna. / Derecho de igualdad ante la Ley.

Artículo III. Toda persona tiene el derecho de profesar libremente una creencia religiosa y de manifestarla y practicarla en público y en privado. / Derecho de libertad religiosa y de culto.

Artículo IV. Toda persona tiene derecho a la libertad de investigación, de opinión y de expresión y difusión del pensamiento por cualquier medio. / Derecho de libertad de investigación, opinión, expresión y difusión.

Artículo V. Toda persona tiene derecho a la protección de la Ley contra los ataques abusivos a su honra, a su reputación y a su vida privada y familiar. / Derecho a la protección a la honra, la reputación personal y la vida privada y familiar.

Artículo VI. Toda persona tiene derecho a constituir familia, elemento fundamental de la sociedad, y a recibir protección para ella. / Derecho a la constitución y a la protección de la familia.

Artículo VII. Toda mujer en estado de gravidez o en época de lactancia, así como todo niño, tienen derecho a protección, cuidados y ayuda especiales. / Derecho de protección a la maternidad y a la infancia.

Artículo VIII. Toda persona tiene el derecho de fijar su residencia en el territorio del Estado de que es nacional, de transitar por él libremente y no abandonarlo sino por su voluntad. / Derecho de residencia y tránsito.

Artículo IX. Toda persona tiene el derecho a la inviolabilidad de su domicilio. / Derecho a la inviolabilidad del domicilio.

Artículo X. Toda persona tiene derecho a la inviolabilidad y circulación de su correspondencia. / Derecho a la inviolabilidad y circulación de la correspondencia.

Artículo XI. Toda persona tiene derecho a que su salud sea preservada por medidas sanitarias y sociales, relativas a la alimentación, el vestido, la vivienda y la asistencia médica, correspondientes al nivel que permitan los recursos públicos y los de la comunidad. / Derecho a la preservación de la salud y al bienestar.

Artículo XII. Toda persona tiene derecho a la educación, la que debe estar inspirada en los principios de libertad, moralidad y solidaridad humanas.

Asimismo tiene el derecho de que, mediante esa educación, se le capacite para lograr una digna subsistencia, en mejoramiento del nivel de vida y para ser útil a la sociedad.

El derecho de educación comprende el de igualdad de oportunidades en todos los casos, de acuerdo con las dotes naturales, los méritos y el deseo de aprovechar los recursos que puedan proporcionar la comunidad y el Estado.

Toda persona tiene derecho a recibir gratuitamente la educación primaria, por lo menos. / Derecho a la educación.

Artículo XIII. Toda persona tiene el derecho de participar en la vida cultural de la comunidad, gozar de las artes y disfrutar de los beneficios que resulten de los progresos intelectuales y especialmente de los descubrimientos científicos.

Tiene asimismo derecho a la protección de los intereses morales y materiales que le correspondan por razón de los inventos, obras literarias, científicas y artísticas de que sea autor.

/ Derecho a los beneficios de la cultura.

Artículo XIV. Toda persona tiene derecho al trabajo en condiciones dignas y a seguir libremente su vocación, en cuanto lo permitan las oportunidades existentes de empleo.

Toda persona que trabaja tiene derecho de recibir una remuneración que, en relación con su capacidad y destreza le asegure un nivel de vida conveniente para sí misma y su familia. / Derecho al trabajo y a una justa retribución.

Artículo XV. Toda persona tiene derecho a descanso, a honesta recreación y a la oportunidad de emplear útilmente el tiempo libre en beneficio de su mejoramiento espiritual, cultural y físico. / Derecho al descanso y a su aprovechamiento.

Artículo XVI. Toda persona tiene derecho a la seguridad social que le proteja contra las consecuencias de la desocupación, de la vejez y de la incapacidad que, proveniente de cualquier otra causa ajena a su voluntad, la imposibilite física o mentalmente para obtener los medios de subsistencia. / Derecho a la seguridad social

Artículo XVII. Toda persona tiene derecho a que se le reconozca en cualquier parte como sujeto de derechos y obligaciones, y a gozar de los derechos civiles fundamentales. / Derecho de reconocimiento de la personalidad jurídica y de los derechos civiles.

Artículo XVIII. Toda persona puede ocurrir a los tribunales para hacer valer sus derechos. Asimismo debe disponer de un procedimiento sencillo y breve por el cual la justicia lo ampare contra actos de la autoridad que violen, en perjuicio suyo, alguno de los derechos fundamentales consagrados constitucionalmente.

/ Derecho de justicia.

Artículo XIX. Toda persona tiene derecho a la nacionalidad que legalmente le corresponda y el de cambiarla, si así lo desea, por la de cualquier otro país que esté dispuesto a otorgársela. / Derecho de nacionalidad.

Artículo XX. Toda persona, legal- mente capacitada, tiene el derecho de tomar parte en el gobierno de su país, directamente o por medio de sus representantes, y de participar en las elecciones populares, que serán de voto secreto, genuinas, periódicas y libres. / Derecho de sufragio y de participación en el gobierno.

Artículo XXI. Toda persona tiene el derecho de reunirse pacíficamente con otras, en manifestación pública o en asamblea transitoria, en relación con sus intereses comunes de cualquier índole. / Derecho de reunión.

Artículo XXII. Toda persona tiene el derecho de asociarse con otras para promover, ejercer y proteger sus intereses legítimos de orden político, económico, religioso, social, cultural, profesional, sindical o de cualquier otro orden. / Derecho de asociación.

Artículo XXIII. Toda persona tiene derecho a la propiedad privada correspondiente a las necesidades esenciales de una vida decorosa, que contribuya a mantener la dignidad de la persona y del hogar. / Derecho a la propiedad.

Artículo XXIV. Toda persona tiene derecho de presentar peticiones respetuosas a cualquiera autoridad competente, ya sea por motivo de interés general, ya de interés particular, y el de obtener pronta resolución. / Derecho de petición.

Artículo XXV. Nadie puede ser privado de su libertad sino en los casos y según las formas establecidas por leyes preexistentes.

Nadie puede ser detenido por incumplimiento de obligaciones de carácter netamente civil.

Todo individuo que haya sido privado de su libertad tiene derecho a que el juez verifique sin demora la legalidad de la medida y a ser juzgado sin dilación injustificada, o, de lo contrario, a ser puesto en libertad. Tiene derecho también a un tratamiento humano durante la privación de su libertad. / Derecho de protección contra la detención arbitraria.

Artículo XXVI. Se presume que todo acusado es inocente, hasta que se pruebe que es culpable.

Toda persona acusada de delito tiene derecho a ser oída en forma imparcial y pública, a ser juzgada por tribunales anteriormente establecidos de acuerdo con leyes preexistentes y a que no se le imponga penas crueles, infamantes o inusitadas / Derecho a proceso regular.

Artículo XXVII. Toda persona tiene el derecho de buscar y recibir asilo en territorio extranjero, en caso de persecución que no sea motivada por delitos de derecho común y de acuerdo con la legislación de cada país y con los convenios internacionales. / Derecho de asilo.

Artículo XXVIII. Los derechos de cada hombre están limitados por los derechos de los demás, por la seguridad de todos y por las justas exigencias del bienestar general y del desenvolvimiento democrático. / Alcance de los derechos del hombre.

CAPÍTULO SEGUNDO

Deberes

Artículo XXIX. Toda persona tiene el deber de convivir con las demás de manera que todas y cada una puedan formar y desenvolver integralmente su personalidad. / Deberes ante la sociedad.

Artículo XXX. Toda persona tiene el deber de asistir, alimentar, educar y amparar a sus hijos menores de edad, y los hijos tienen el deber de honrar siempre a sus padres y el de asistirlos, alimentarlos y ampararlos cuando éstos lo necesiten. / Deberes para con los hijos y los padres.

Artículo XXXI. Toda persona tiene el deber de adquirir a lo menos la instrucción primaria. / Deberes de instrucción.

Artículo XXXII. Toda persona tiene el deber de votar en las elecciones populares del país de que sea nacional, cuando esté legalmente capacitada para ello. / Deber de sufragio.

Artículo XXXIII. Toda persona tiene el deber de obedecer a la Ley y demás mandamientos legítimos de las autoridades de su país y de aquél en que se encuentre. / Deber de obediencia a la Ley.

Artículo XXXIV. Toda persona hábil tiene el deber de prestar los servicios civiles y militares que la Patria requiera para su defensa y conservación, y en caso de calamidad pública, los servicios de que sea capaz.

Asimismo tiene el deber de desempeñar los cargos de elección popular que le correspondan en el Estado de que sea nacional. / Deber de servir a la comunidad y a la nación.

Artículo XXXV. Toda persona tiene el deber de cooperar con el Estado y con la comunidad en la asistencia y seguridad sociales de acuerdo con sus posibilidades y con las circunstancias / Deberes de asistencia y seguridad sociales.

Artículo XXXVI. Toda persona tiene el deber de pagar los impuestos establecidos por la Ley para el sostenimiento de los servicios públicos. / Deber de pagar impuestos.

Artículo XXXVII. Toda persona tiene el deber de trabajar, dentro de su capacidad y posibilidades, a fin de obtener los recursos para su subsistencia o en beneficio de la comunidad. / Deber de trabajo.

Artículo XXXVIII. Toda persona tiene el deber de no intervenir en las actividades políticas que, de conformidad con la Ley, sean privativas de los ciudadanos del Estado en que sea extranjero. / Deber de abstenerse de actividades políticas en país extranjero.

Aprobada en la Novena Conferencia Internacional Americana Bogotá, Colombia, 1948

Renuncia forzada del Presidente Constitucional de la República. Mensaje al Congreso Nacional 17 de octubre de 2003

MENSAJE AL CONGRESO NACIONAL

Honorables Congresales :

Bolivia está viviendo horas cruciales. La democracia está bajo el asedio de grupos corporativos, políticos y sindicales que no creen en ella y que la utilizan según su conveniencia.

Todo esto configura un cuadro de sedición que, con el pretexto de la exportación del gas natural, ha violado la esencia de la democracia, que es el respeto al veredicto de las urnas para la elección de los gobernantes.

Se ha utilizado esa bandera, rehusando el dialogo, para buscar mi renuncia, atribuyéndome no sólo la responsabilidad de los problemas actuales que confronta la República, sino también la falta de soluciones. Si así fuera, mi renuncia, que hoy pongo a consideración del Honorable Congreso Nacional, debería ser suficiente para la solución de los problemas nacionales.

Aunque lo deseo fervorosamente, me temo que la solución no sea tan sencilla. Las causas profundas de esta crisis obligan a un razonamiento esencial, que las pasiones ahora desatadas no nos permiten alcanzar. El tiempo se encargará de hacerlo por nosotros, y a él me encomiendo en procura de un balance sereno y objetivo que las circunstancias nos niegan hoy.

A los bolivianos nos ha costado mucha sangre y mucho dolor conquistar y sostener la democracia. Hoy sabemos que la democracia es un privilegio que hay que preservar para mantener la unidad de la Nación boliviana, con libertad y dignidad. El Presidente de la República es símbolo de esa unidad, en medio de la diversidad nacional, diversidad que debe ser fuente de orgullo y no de conflicto ni de violencia.

Al poner mi renuncia a consideración del Honorable Congreso Nacional, lo hago con la íntima convicción de que la aceptación de la misma no corresponde ya que no se puede retirar a un Presidente elegido

democráticamente, por mecanismos de presión y de violencia que están al margen de la ley. Este es un funesto precedente para la democracia boliviana y continental. El Congreso de acuerdo a la atribución contenida en el artículo 68 inciso 4to. de la Constitución Política del Estado debe decidir si la acepta o la rechaza. Si la acepta el Vicepresidente de la República deberá asumir la Presidencia y ejercerla hasta la finalización del periodo constitucional por mandato del artículo 93-II de la Carta Fundamental. Esta es una tarea que el Congreso debe encarar con la responsabilidad que exige la hora presente.

Pero es mi deber advertir que los peligros que se ciernen sobre la Patria siguen intactos : la desintegración nacional, el autoritarismo corporativista y sindical y la violencia fraticida. Estos peligros se asientan en la circunstancia histórica en que los fundamentos de la democracia han sido puestos en cuestión. Quiera Dios que algún día no tengamos que arrepentirnos de todo esto.

Honorables Congresales :

He servido a Bolivia con entrega y dedicación sin limites. Esa es la mas grande recompensa que haya podido alcanzar a lo largo de mi vida. Agradezco a Dios por ese privilegio y le pido desde lo mas profundo de mi corazón que ilumine y bendiga a todas las bolivianas y bolivianos.

17 de octubre de 2003

Gonzalo Sánchez de Lozada
Presidente Constitucional de la República

Decreto Supremo No. 27234
Amnistía otogada por Carlos Mesa

N° 2532   G A C E T A   O F I C I A L   D E   B O L I V I A

DECRETO SUPREMO N° 27234

CARLOS D. MESA GISBERT
PRESIDENTE CONSTITUCIONAL DE LA REPUBLICA

CONSIDERANDO:

Que la Ley N° 2494 de 4 de agosto de 2003 - Ley del Sistema Nacional de Seguridad Ciudadana, entro en vigencia en un contexto de profunda crisis social, económica y política.

Que en los lamentables acontecimientos vividos recientemente en el país, los movimientos sociales han cuestionado enérgicamente un sistema político tradicional que no dio respuesta a las necesidades y aspiraciones de la mayoría de los ciudadanos

Que la Ley del Sistema Nacional de Seguridad Ciudadana, en lo relativo a las modificaciones del Código Penal, ha sido considerada por la población como una Ley de seguridad del Gobierno de turno, para reprimir la protesta social y silenciar las reivindicaciones sociales, perjudicando los derechos fundamentales a la libertad de expresión y petición colectiva.

Que la Constitución Política del Estado en el Numeral 13 del Artículo 96, establece como atribución del Presidente de la República decretar amnistias por delitos contra la seguridad del Estado; por lo que los delitos contra la seguridad del Estado acontecidos en las últimas protestas sociales, son delitos catalogados como políticos.

Que según la doctrina penal, el delito político no se define por criterios objetivos sino subjetivos, que tienen que ver con los móviles que determinan la acción que se encuadra en un tipo penal determinado.

Que los hechos ocurridos en el mes de octubre, formalmente pueden ser interpretados como delitos de tipo penal en la Ley del Sistema Nacional de Seguridad ciudadana, pero considerando sus características y antecedentes en cuanto al móvil que impulso estas acciones, resulta evidente que los mismos no respondían al deseo de cometer un delito de orden penal; más al contrario expresaban una protesta social contra el Gobierno constituido.

Que actualmente el Gobierno Nacional tiene como prioridad recuperar la vigencia y credibilidad del Sistema Democrático, fortaleciendo el Estado de Derecho, la paz social y la reconciliación entre todos los bolivianos, a cuyo fin, uno de los instrumentos adecuados es el presente Decreto Supremo de amnistia, en el marco de la Constitución Política del Estado.

EN CONSEJO DE GABINETE,

DECRETA:

ARTICULO 1.- (OBJETO). El presente Decreto Supremo tiene por objeto establecer amnistía temporal para los delitos comprendidos en la Ley N° 2494 de 4 de agosto de 2003 - Ley del Sistema Nacional de Seguridad Ciudadana.

ARTICULO 2.- (AMNISTIA).

I. Se decreta amnistía para todos los delitos comprendidos en la Ley N° 2494 de 4 de agosto de 2003 - Ley del Sistema Nacional de Seguridad Ciudadana, con relación a las acciones realizadas a partir del momento de la vigencia de la Ley y hasta el momento de entrada en vigencia del presente Decreto Supremo

II. Para los casos de las tierras rurales y agrícolas mencionadas en el Artículo 2 del Decreto Supremo N° 27068 de 6 de junio de 2003, se aplicarán los procedimientos establecidos en la Ley N° 1715 de 18 de octubre de 1996 y sus disposiciones reglamentarias.

ARTICULO 3.- (PROCESOS PENDIENTES). Se instruye al Señor Viceministro de Justicia para que a través de la Defensa Pública, presente requerimientos a los juzgados o tribunales correspondientes, a efecto de la extinción de la acción penal en los procesos pendientes, según lo determinado en el presente Decreto Supremo.

El Señor Ministro de Estado en el Despacho de la Presidencia queda encargado de la ejecución y cumplimiento del presente Decreto Supremo.

Es dado en el Palacio de Gobierno de la ciudad de La Paz, a los treinta y un días del mes de octubre del año dos mil tres.

FDO. CARLOS D. MESA GISBERT, Jorge Gumucio Granier Ministro Interino de RR.EE. y Culto, José Antonio Galindo Neder, Alfonso Ferrufino Valderrama, Gonzalo Arredondo Millán, Rubén Ferrufino Goitia Ministro Interino de Hacienda, Jorge Cortés Rodríguez, Jorge Urquidi Barrau Ministro de Servicios y Obras Públicas e Interino de Desarrollo Económico, Alvaro Ríos Roca, Donato Ayma Rojas, Fernando Antezana Aranibar, Luis Fernández Fagalde, Diego Montenegro Ernst, Robert Barbery Anaya. Justo Seoane Parapaino.

Decreto Supremo No. 27237
Complemento a la amnistía otorgada por Carlos Mesa

DECRETO SUPREMO N° 27237
CARLOS D. MESA GISBERT
PRESIDENTE CONSTITUCIONAL DE LA REPUBLICA

CONSIDERANDO:

Que el Decreto Supremo N° 27234 de 31 de octubre de 2003, establece la amnistía temporal para los delitos comprendidos en la Ley N° 2494, del Sistema Nacional de Seguridad Ciudadana.

Que el Artículo 2 de la mencionada norma, decreta amnistía para todos los delitos comprendidos en la Ley N° 2494, con relación a las acciones realizadas a partir del momento de la vigencia de la Ley y hasta el momento de entrada en vigencia del presente Decreto Supremo.

Que es necesario precisar los alcances del Decreto Supremo N° 27234, en el sentido de que la amnistía esta referida únicamente a los hechos de protesta social ocurridos a partir del 5 de agosto de 2003, fecha de publicación de la Ley N° 2494, hasta el 4 de noviembre de 2003, fecha de publicación del Decreto Supremo N° 27234.

EN CONSEJO DE GABINETE,

D E C R E T A:

ARTICULO UNICO.- La amnistía decretada en el Artículo 2 del Decreto Supremo N° 27234 de 31 de octubre de 2003, alcanza únicamente a los ciudadanos cuyas acciones se hubieran realizado en el período de tiempo comprendido entre el 5 de agosto y el 4 de noviembre del 2003, en el ámbito de la protesta social, en contra de las decisiones y políticas asumidas por el Gobierno Nacional.

El Señor Ministro de Estado en el Despacho de la Presidencia queda encargado de la ejecución y cumplimiento del presente Decreto Supremo.

Es dado en el Palacio de Gobierno de la ciudad de La Paz, a los cuatro días del mes de noviembre del año dos mil tres.

FDO. CARLOS D. MESA GISBERT, Juan Ignacio Siles del Valle, José Antonio Galindo Neder, Alfonso Ferrufino Valderrama, Gonzalo Arredondo Millán, Javier Gonzalo Cuevas Argote, Jorge Cortés Rodríguez, Xavier Nogales Iturri, Jorge Urquidi Barrau, Alvaro Ríos Roca, Donato Ayma Rojas, Fernando Antezana Aranibar, Luis Fernández Fagalde, Diego Montenegro Ernst, Robert Barbery Anaya, Justo Seoane Parapaino.

Ley 3941
Que otorga al Congreso ordinario la facultad de interpretar y redactar la nueva Constitución

<u>LEY No. 3941</u>
<u>LEY DE 21 DE OCTUBRE DE 2008</u>

<u>EVO MORALES AYMA</u>
<u>PRESIDENTE CONSTITUCIONAL DE LA REPUBLICA</u>

Por cuanto, el Honorable Congreso Nacional, ha sancionado la siguiente Ley:

EL HONORABLE CONGRESO NACIONAL

DECRETA:

ARTICULO 1.- (Marco Constitucional) De conformidad con lo establecido en el Artículo 233 de la Constitución Política del Estado, se interpreta el Artículo 232 de la Ley Fundamental.

ARTICULO 2.- (Interpretación) En aplicación de la Institucionalidad Republicana, el principio de Soberanía Popular, el Estado Social y Democrático de Derecho, determinados en los Artículos 1, 2 y 4 de la Constitución Política del Estado, estableciéndose que es Facultad del Honorable Congreso Nacional contribuir al proceso constituyente y realizar los ajustes necesarios al texto constitucional aprobado por la Asamblea Constituyente, sobre la base de la voluntad popular y el interés nacional, por ley especial de Congreso, aprobada por dos tercios de votos de sus miembros presentes, se interpreta los alcances del Artículo 232 constitucional, en los términos siguientes:

ARTÍCULO 232.-

I. La reforma total de la Constitución Política del Estado es potestad privativa de la Asamblea Constituyente, que será convocada por Ley Especial de Convocatoria, la misma que señalará las formas y modalidades de elección de los constituyentes, será sancionada por dos tercios de votos de los miembros presentes del H. Congreso Nacional y no podrá ser vetada por el Presidente de la República.

II. Concluido el proceso constituyente y recibida la propuesta constitucional, para ser sometida a consideración del pueblo soberano, el H. Congreso Nacional podrá realizar los ajustes necesarios sobre la base de la voluntad popular y del interés nacional, por ley especial de Congreso, aprobada por dos tercios de votos de sus miembros presentes.

III. Los ajustes no podrán afectar la esencia de la voluntad del constituyente.

Remítase al Poder Ejecutivo para fines constitucionales.

Es dada en la sala de sesiones del Honorable Congreso Nacional a los veintiún días del mes de octubre de dos mil ocho años.

Fdo. Álvaro Marcelo García Linera, Fredy Omar Fernández Quiroga, .Heriberto Lázaro

Asesinato de la reputación por las dictaduras del siglo XXI

Asesinato de la reputación
por las dictaduras del siglo XXI

Carlos Sánchez Berzaín*
Publicado en Diario Las Américas,
Miami, Septiembre 20, 2013

La estrategia de persecución de las dictaduras del socialismo del siglo XXI contra quienes denominan sus "enemigos políticos", a los que quieren quitarse del camino (lideres políticos, periodistas, ciudadanos), o cuyo patrimonio les interesa (empresarios, dueños de medios de comunicación), esta basada en el control del sistema judicial, acompañado de leyes que dictan incluso específicamente para cada caso. El dictador identifica al individuo, lo acusa o hace acusar de hechos graves que constituyen delitos, lo señala públicamente como un delincuente común y los fiscales y jueces hacen el resto, hasta convertir al personaje –generalmente exitoso y notable- en un criminal, mandarlo a la cárcel u obligarlo a salir al exilio.

Esta política de estado tiene un elemento esencial -que puede ser una herramienta autónoma cuando no tienen forma de orquestar una persecución judicial- es el uso sistematizado de la calumnia, de la acusación falsa hecha maliciosamente para causar daño, la imputación de delitos realizada a sabiendas de su falsedad, la inculpación de los delitos propios a la víctima, de la infamia como descrédito, deshonra, maldad o vileza, de la difamación verbal y escrita. Lo que se llama el "asesinato del honor", "el fusilamiento de la reputación", "el asesinato de la reputación", "carácter assassination".

No es nada nuevo, pero es un arma esencial de los dictadores del socialismo del siglo XXI, que la manejan desde su posición de poder, en nombre del país que controlan, por los medios de comunicación, las relaciones internacionales, en los foros y en Internet. Han confiscado, comprado y copado medios de comunicación nacionales, montado mas de una red transnacional, implementado cadenas semanales y emisiones obligatorias. Han llegado a implementar "comandos de acción digital", oficinas especializadas propias y "servicios independientes" para sembrar el Internet de infamias, fotografías trucadas, datos falsificados, relatos o documentos con falsas fuentes. Tienen planteles estables de twiteros y participantes permanentes en las redes sociales para dirigir y afectar las noticias como parte de sus servicios de operación política. Se trata de influir en la opinión pública nacional e internacional para convertir a la víctima en criminal.

Ya no fusilan o asesinan físicamente como en las primeras décadas de la dictadura castrista. Se proponen matar el honor y la reputación del individuo para inhabilitarlo en su país (del que generalmente tiene que escapar), para liquidarlo en sus relaciones, impedir su acción profesional, comercial o empresarial, someterlo a la sospecha permanente, para condenarlo sin siquiera juzgarlo. Es la acción perfecta e impune de violación del derecho fundamental de "presunción de inocencia", ya que logran que se presuma la culpabilidad. Si todo esto se acompaña de un expediente judicial organizado por sus fiscales y jueces, el asunto es perfecto porque

tiene "prueba" y pueden seguir persiguiendo a la víctima poniéndolo bajo búsqueda internacional por Interpol y pedir extradición.

Hay demasiados casos de víctimas de estas acciones por parte de los gobiernos de Cuba, Venezuela, Ecuador, Bolivia….. Periodistas acusados de calumnias y delitos contra el estado por cumplir su trabajo y ejercer la libertad de prensa; empresarios acusados de delitos económicos para robarles sus medios de comunicación y empresas; autoridades democráticas acusadas de muertes en hechos promovidos por los mismos acusadores para derrocarlos; políticos acusados de corrupción por investigar la corrupción del gobierno; dirigentes cívicos acusados de terrorismo por defender los derechos civiles frente al terrorismo de estado; abogados acusados de crímenes por ejercer el derecho de defensa; dirigentes acusados de conspiración por realizar reclamos…

Es también un eficiente medio de amedrentamiento pues nadie quiere estar en la situación de las personas a las que el socialismo del siglo XXI ha elegido para asesinarles su reputación.

*Abogado y politólogo. Es director del Interamerican Institute for Democracy

Anexo 8

¡Lo consiguieron!

¡Lo consiguieron!

José Gramunt de Moragas*, SJ.*
13 de octubre de 2013

¡Por fin, lo consiguieron! Lograron que el corazón de José María Bakovic, honrado y competente presidente del Servicio Nacional de Caminos Institucionalizado, destituido de ese cargo de confianza, por medio de intrigas de gente de mala entraña, sin alma ni vergüenza ciudadana, lograran terminar con el exhausto corazón de ese ilustre boliviano.

Le encarcelaron sin que hubiese competido ni falta ni delito algunos. Y sin sentencia justa. Le obligaron a ir y venir inútilmente por diversos tribunales del país. No faltaron jueces, fiscales, secretarios y médicos forenses, que instrumentalizaron a su gusto los dúctiles y maleables procedimientos judiciales Unas veces convocaban inútilmente al acusado. Otras veces le obligaban a trasladarse de una ciudad o a otra. Por último y pese al informe del instituto médico judicial, que había comprobada la delicada salud de Bakovic, se le obligó presentarse ante una corte de la ciudad de La Paz, siendo así que los análisis y otros informe médicos, ya habían advertido de los riesgos de ese viaje.

Estas vulneraciones de los derechos ciudadanos así como de otras monstruosidades judiciales se cometieron aún a sabiendo de la edad avanzada del perseguido y de la debilidad de su corazón. Sumadas estas dos circunstancias, era evidente que ponían en grave peligro la vida de su víctima gratuita. Entre todos, incluyendo a políticos conocidos, le hicieron pasar por el calvario de las intrincadas gestiones judiciales, todavía más enturbiada por la mala intención de los verdugos. Los prevaricadores tampoco tuvieron la menor consideración a los daños económicos ocasionados a su víctima. Había que rendir por agotamiento a ese hombre íntegro y valeroso.

Pero él no se rendía. Pudo haberse reunido con sus hijos en un país menos maleado por la política perversa. Él se resistió: tenía que demostrar al país donde había nacido y se había criado, la incuestionable conducta profesional y ciudadana que fue ejemplo para todos. Y que fue puesta en duda por gente de negra conciencia.

Pese a todo, a la sañuda persecución a la que fue sometido durante largos y penosos años, él se había impuesto el deber de mantener su honor muy alto, como el más valioso patrimonio que podía legar a sus familiares. Y como ejemplo para todos los que hemos sido –y seguiremos siendo– sus amigos entrañables. Su fe cristiana le dio coraje y esperanza para enfrentar la injusticia y la maldad.

Hasta que el sábado pasado su corazón agotado y exhausto dejó de acompañar a la nobleza y dignidad de su carácter. Rindió su alma a Dios. Sólo a Dios, justo Juez. Pero nunca a unos jueces fariseos y prevaricadores.

¿Es o no es verdad?

*Sacerdote jesuita y periodista español.Es licenciado en derecho por la Universidad Central de Madrid y en filosofía y teología por la Universidad de San Francisco de Borja (Barcelona). Se especializó en periodismo y en ciencias de la comunicación en la Universidad de Siracusa (EE.UU.) y en la Universidad Menéndez Pelayo (España).Radica en Bolivia desde 1952. El gobierno boliviano le otorgó la nacionalidad boliviana en 1991. Fue director de Radio Fides de La Paz, perteneciente a la Compañía de Jesús, entre 1960 y 1986, y cofundador y dos veces presidente de las Escuelas Radiofónicas de Bolivia ERBOL. En 1964 fundó la Agencia de Noticias Fides (ANF), la mayor y más antigua de Bolivia, que la dirige desde entonces. Fue el primer corresponsal de la agencia española EFE y de la alemana dpa en Bolivia, en la década de los 60. Durante 1971 dirigió en Roma el Programa Hispanoamericano de la Radio Vaticano. Es autor de la columna de opinión más antigua de la prensa boliviana, "¿Es o no es verdad?", que se publica desde 1960 en los principales diarios del país.

(Fuente: Wikipedia)